JN022252

大《だい》切《ぎ》り本能寺の変

本能寺姉弟《きょうだい》

三寺絵梨子
池田修平

Parade Books

前書

私たちは、兵庫県の明石市というところで生まれ育った姉弟です。

兵庫県明石市といえば、魚がおいしいまち、というイメージを持たれる方が多いように思います。明石海峡の海の幸は、間違いなくこのまちの魅力です。

ですが、このまちの魅力は海の幸だけではありません。

世界最長の吊り橋が架かる明石海峡は、古来より、淡路を望む風光明媚な地として多くの歌人が訪れ、歌が詠まれてきました。

その中の一人に、明智光秀がいることをご存じでしょうか。

夏は今朝　島がくれ行　なのみ哉《かな》

光秀が明石の人丸塚というところで詠んだ歌です。

「なんとなく口から出てしまった。季節より早い句なので、おかしいのだけれど」とコメントを添えて。

私たち姉弟は、「本能寺の変をコレクションする」という一風変わった趣味があり、それぞれの本業のかたわら、本能寺の変が起こった理由を集めることを日々の楽しみとしていました。「本能寺の変」という一つのお題に対し、趣向を凝らした多種多様な解答の数々。それはまるで大切り（大喜利《おおぎり》）のようで、興味は尽きませんでした。その、本能寺の変の主役ともいえる光秀が、自分たちの地元で詠んだ歌に関心を寄せるのは、当然のことだったと思います。

　この時、光秀は人丸塚だけでなく、明石潟や、『源氏物語』に出てくる女性、明石の君が住んでいたとされる「岡辺の里」など、明石の名所を見ていたことが、天正六年五月の連歌師里村紹巴《さとむらじょうは》宛光秀書状という、光秀の書いた手紙によってわかっています。

　この手紙は、本能寺の変に関心があった私たちに、大変大きな衝撃を与えました。

　想像していた光秀の人物像と、あまりに違っていたからです。

　光秀が歌を詠んだこの時期、光秀は自身に一任されていた任務「丹波攻略」が思うように進まず、一般に、功を焦っていただろうと推測されていました。光秀の人物評は、一様に保守的で神経質、真面目といったようなものでしたから、出陣中に歌を詠んだり名所を見てまわること自体、とても意外に思えたのです。おまけに、手紙の宛先人である里村紹巴に、「あなたを誘って来れば良かった」とまで書いてありました。

「まるで、観光のついでに戦をしに行く心づもりのようだ……」

不謹慎な表現かもしれませんが、私たちには、兵を進める光秀が、存外この状況を楽しんでいるように見えたのです。

それは一般的な光秀の人物像とかけ離れたものであり、既成のものの見方が、絶対的なものではないとわかった瞬間でもありました。

以来、私たちは本能寺の変の、そもそもの大前提を疑うようになりました。

光秀の人物像だけでなく、本能寺の変を起こしたということすら、一度全てを疑ってみてもよいのではないかと考えるようになったのです。

前提を疑い、原点に立ち返ることで、本能寺の変の解明になにか貢献できることがあるかもしれない。そう信じて、調べたことをまとめ、世に問おうと決意し、執筆に取り組んだ次第です。

自由奔放な占い師と、修行僧のごとく忍耐強い理系技術者。

私たちは両極端に持ち味の違う姉弟で、しかも歴史に関して全くの門外漢でしたから、互いの足りないところを補い合いながら執筆しました。

表題の「大切り《だいぎ》」というのは、二人で挽《ひ》くノコギリのことです。

交互に文章を仕上げていく私たちの執筆スタイルが、両極に柄のついた大ノコギリを挽《ひ》く様を思わせたので、大切り《だいぎ》（台切り、大鋸とも書く）を引用しました。

前例のない視野から挑む、明智光秀と、本能寺の変。
——大切り本能寺の変——
はじまり、はじまりです。

目次

第二章 織田信長 133

「明智光秀」の前に

明智光秀はなぜ、本能寺の変を起こしたのか。

これまでありとあらゆる分析がなされてきたにもかかわらず、解決に至らないこの問題。――本能寺の変。

ある時ふと、光秀が本能寺の変を起こしていなかったとしたらどういう歴史解釈がなされるのだろうという興味がわき起こり、そうした方向性の文献を探したが、見つけることができなかった。

光秀が本能寺の変を起こしたという前提を、どうして誰も疑ってこなかったのだろう。

問いかけが間違えていたら、問題は永遠に解決しないのだ――。

既成のものの見方に疑問を感じ、歴史史料を見るようになって、実感したことがある。

「歴史は造られている」ということである。

例を挙げるなら、中国では王朝が変わるたびに歴史書を作っていた。ここでは滅亡した王朝の皇帝を愚帝として書き、新王朝の正統性を主張するのが習わしであった。たとえそれが事実と違っていても、そんなことは問題にならない。

渡辺滋氏は『古代・中世の情報伝達』（八木書店、二〇一〇年）にて、歴史における情報の性質を次のように述べている。

「事実」とは、「現代的な意味における事実ではなく、当時の共同体内における共通認識といった方がよい。もし認識が、広い範囲で共有されているのであれば、実際にそうした事実が過去に全く存在していなかったとしても、そのこと自体は大した問題とはならない」。

要するに、歴史書は事実を伝えるために編纂されるのではなく、為政者にとって都合のよい事柄を、世間に認知させる目的で編纂されているのである。

本能寺の変もそうだったのではないか。

光秀が本能寺の変を起こしたという情報は、はたして本当に「事実」を伝えたものだったのだろうか。

本書が試みるのは、「光秀が本能寺の変を起こした」という前提を、いったん白紙に戻すことである。

そしてそのうえで、光秀を考察し直したい。

光秀を考察し直す意義は二つある。

一つ。これまでの光秀に関する研究は、そのほとんどの労力を本能寺の変解明に費やすものとなっていた。しかし本能寺の変が解明されることはなく、結果、光秀は「よくわからない人物」と結論づけられる傾向にあった。

我々が思うに、光秀がよくわからないのは、光秀が本能寺の変に繋がらないからわからないのである。本能寺の変さえ念頭に置かなければ、光秀のことは光秀の行ってきた歴史的事業を辿《たど》ることによってわかるはずだ。

二つ。光秀が本能寺の変を起こしていない可能性について考えたい本書では、光秀の行ってきた歴史的事業の中から本能寺の変を示唆すべきことが本当に「何もない」のか、改めて確認しておく必要がある。

要領を得ないことは承知しているが、「UFOが存在しない証拠」を提出することができないように、「何もない」ということを証明するのはとても難しい。

そのため、まずは「明智光秀」の章を設置し、ただひたすら光秀の動向を洗いざらい辿った結果本当に何もなくてはじめて、光秀が本能寺の変を起こす理由は何もないと証明するしかないと考えた。

長きに渡り、光秀は謀叛人とされてきた。

その印象が強烈ななか、無理を承知でお願いしたい。

ここより一度だけ、その認識を白紙に戻していただけないだろうか。

くどいようだが、白紙にしていただけただろうか？
それでは、明智光秀の章を見ていこう。

第一章

明智光秀

第一節◆足利家臣

◈織田信長に仕える以前

明智氏は、美濃国の守護を務めていた土岐氏から分かれた家系とされている。

それを裏付ける史料として『立入左京亮入道隆佐記』があり、「光秀は土岐明智氏の出である」と記されている（脚注1）。

土岐氏から分かれたとされる光秀の身分については、そう特別なものではなかったようで、宣教師ルイス・フロイスの『日本史』によると「光秀はもともと高貴の出ではなく、信長の治世の初期には、足利義昭の家臣の一人、細川藤孝に奉仕していた」とある。

どうやら光秀は、足利将軍家に仕える細川藤孝の家臣であったらしい。

細川藤孝は足利将軍家家臣として、十二代足利義晴、十三代義輝、十五代義昭に仕えた人物である。

◆足利義昭

それでは、細川藤孝に仕えていた時の光秀の君主であった、足利義昭について把握しておきたい。

足利義昭はもともと覚慶という名で興福寺一乗院にいた僧であった。兄は足利義輝。十三代室町幕府征夷大将軍である。

ところが、永禄八年（一五六五年）五月十九日、足利義輝が家臣である三好義継と松永久秀の息子久通に襲撃され討ち取られるという政変が起こる。義輝を討った三好・松永氏らは義輝の従兄弟で阿波国にいた足利義栄《よしひで》という人物を次期将軍として擁立すべく動いていた［1］。この時、二人いた義輝の弟のうち兄にあたる周嵩という人物も殺されている。

三好義継、松永久通らの動きに対抗し、生き残った義昭を次期将軍として擁立させようと動いたのが、光秀が仕えていた細川藤孝や、越前国の領主朝倉義景、足利氏と朝倉氏双方の親戚関係にある大覚寺義俊という者たちであった［2］。覚慶という名だった義昭は環俗し、足利義秋と名を改めることとなる。

十二月五日、足利義秋の上洛に協力するよう諸侯に働きかけを行っていた細川藤孝が、信長と対面する。そこで信長は、義秋と共に上洛する意志を表明した［3］。

「上洛」とは地方から京都に上がることをいう。当時の京都は室町幕府の中心地とされており、その京都で政治を行えるのは、天皇から征夷大将軍として正式に認められた者でなければならなかった。

十三代将軍を討ち取った三好義継と松永久通は、十四代将軍として足利義栄を擁立していたものの、しかしながら京都に入れずにいたので、足利義秋が上洛し京都で政治を行ってみせることで、義栄より優位な立場に立とうとしたのである。

最終的に足利義秋が上洛を果たすのは、永禄十一年（一五六八年）九月二十六日だった[4]。上洛するまでの間、義秋は諸侯の足並みが揃うまで越前国朝倉氏のもとに身を置き[5]、秋という字は不吉という意見から、改名して義昭と名乗るようになったとのことが、この時代の第一級史料の一つ、山科言継の記した『言継卿記』に見受けられる（脚注2）。

細川藤孝に従っていた光秀も、足利義昭の家臣の一人として行動を共にしていたと思われるのだが、残念ながら、この頃の光秀に関する記録は、次に紹介する文書以外まともなものは残っていない。

◆医学に明るい光秀

光秀の行動がわかる最も古い史料は、永禄九年（一五六六年）十月二十日、及び十一月。足利義昭に仕えた医師の米田貞能が、怪我人の重症度を見極める方法に関する光秀からの口伝を沼田勘解由左衛門尉に教わったとする書状である。

この書状から、信長に仕える以前の光秀が、幕府の関係者として近江国で活動していたこと。そして、意外にも医学に明るかったことが判明している（脚注3）。

（脚注1）『立入左京亮入道隆佐記』の著者、立入宗継は、朝廷の貴重品の保管を行う御蔵職（禁裏の金米の出納や、貴重品の保管を行う職）として光秀と関わることがあった人物である。

（脚注2）山科言継は朝廷に仕える公家である。有職故実に明るく、和歌、漢方医学や蹴鞠といった多彩な才能を持つ人物であった。言継の書いた日記『言継卿記』や、言継の子言経が書いた『言経卿記』は、日々の出来事だけでなく、天気の移り変わりに至るまで克明に記録しており、高い信頼性を持つ当時の史料となっている。

（脚注3）怪我人の重症度の見極め方
第一、目の上にしこりがあり、額に汗をかき、目は涙ぐみ、五体が緊張している者は重症である。

第二、傷口がしぼんでいるのに出血が止まらず、口が渇き色が薄黒くなっており、手足が冷えて鳥肌がたっている者は重症である。

第三、腹の中に寄生虫がいるような風にうずくまっていて、息が荒く、苦しそうにしているのは重症である。

第四、傷の付いた位置によって区別した場合、腹、腕の内側、ももの内側、ふくらはぎ、手の内側、足の裏に傷がある場合は重症である。

第五、それに対して肩や背中、腰、尻、ももの外側、手の甲に同程度の傷があったとしても命に別状はない。


右に書いた内容は、明智光秀から田中城に籠城したときに授かった口伝の一部を、医学書にまとめたものである。

この一部を（筆者は）沼田勘解由左衛門尉から相伝し、近江国坂本にて写した。

以上、熊本県立美術館『細川ガラシャ』（細川ガラシャ展実行委員会二〇一八年）より抜粋。

◆注

［1］山科言継著、国書刊行会編纂『言継卿記』（続群書類従完成会、一九九八年）
［2］高柳光寿著『明智光秀』（吉川弘文館、二〇〇五年）
［3］太田牛一著、桑田忠親校注『信長公記』（人物往来社、一九六五年）
［4］同右
［5］奥野高広『足利義昭』（吉川弘文館、一九九六年）

第二節◆二君に仕える

◈光秀の『信長公記』初見

永禄十一年（一五六八年）十月十八日、足利義昭は十五代将軍として正式に認められ、征夷大将軍に任官された［1］。

結局のところ、足利義昭の上洛を拒んだのは、足利義輝を討った三好義継、松永久通らではなく、近江国の六角氏と京都の三好三人衆（三好長逸・三好宗渭（政康）・岩成友通）と呼ばれる豪族達であった。その間、三好・松永氏らが擁立していた足利義栄は病死してしまったようである［2］。

上洛にあたって諸侯に協力を要請していた足利義昭は、要請に応じた信長と共に京都に入っていたのだが、永禄十二年（一五六九年）正月五日、信長が岐阜に帰り留守にしていた隙をつかれ、三好三人衆に襲撃される。襲撃を受けたのは義昭がいた本圀寺《ほんこくじ》だった。

この時の防衛戦に光秀も参戦していたことが『信長公記』という史料によってわかっている。

『信長公記』とは、信長の側近、太田牛一によって書かれた、信長の生涯を記録した史料である。山科言継の『言継卿記』をはじめとする信頼性の高い公家の日記等他の記録とも記述内容がほぼ一致しており、信長の動向を知るための重要な史料となっている。その『信長公記』に、ここで初めて光秀の名前が挙げられた。

『信長公記』や『言継卿記』によると、本圀寺襲撃の翌日には三好勢は撃退されたようで、光秀は細川藤孝ら足利家臣団と共に足利義昭を守り抜くことに成功している。

◈二条城

「二条城」は十三代将軍足利義輝が討ち取られた時に焼け落ちた城であった。この二条城を建て直すことが決まったのは、本圀寺が襲撃された今回の騒動を受けて、より確実に足利義昭を防衛するための信長の方策であったらしい。

建て直された二条城は、「天主」と「石垣」を有していた［3］。

天主というのは城の中心となる建物のことであるが、これまでは殿主や主殿などと表記されており、「天主」と表記されたのは二条城が初めてであった。これを「天の主」と解釈する説があるが［4］、真意の程は定かではない。いずれにせよ、殿主を天主と表記することに特別な意味があったのかもしれず、そのことだけでもこの城は注目に値するのだが、さらに石垣をも有していたというのだ。

　これまでの建築技法では土台は土であり、簡単な石垣構造を持つ建物は見受けられるが、土台全てが石垣という建築物はなかった。イエズス会の記した『耶蘇会士日本通信』にも、「日本において見たことのない石造りであった」とあり、石垣の上に城を建てる発想がこの時初めて導入された技術だったということがわかる。しかも、初めて導入された石垣の、その積み上げられた高さが、『言継卿記』によれば四間一尺（約八メートル）もあったという。山科言継は二月二日から始められた石垣普請を度々見物しており、石垣ができる様子を逐次観察している。

　以上のことから、この時建て直された二条城が、斬新な城であったことがうかがい知れる。

二条城の石垣跡。

◆足利義昭と信長の衝突と波紋

正月十四日、つまり本圀寺が襲撃されて間もなく、信長は室町幕府の殿中掟を制定した。これは将軍である足利義昭の権限を、信長が制限したものであった［5］。

この頃より、足利義昭と信長は互いに衝突を始めるようになる。

十月には、伊勢国から京都へ戻ってきた信長が、すぐさま美濃国へと帰ってしまう出来事が起こった。正親町《おおぎまち》天皇が心配になり、事情を知りたいという旨の書状を送っているのだが［6］、『多聞院日記』によると、信長が美濃国に帰ったのは足利義昭と言い争ったことが原因だったとある。

ここに登場する『多聞院日記』という史料は、『言継卿記』同様、当時を知る良質な史料である。この日記は大和国の興福寺多聞院の院主が三代にわたって書き連ねていった記録で、この頃の日記の著者は多聞院英俊（長実房英俊）という人物である。大和国で強い影響力を持っていた興福寺には、京都の情勢もかなり細かく入っていたらしい。

興福寺が大和国で強い影響力を持っていた寺院であるなら、大阪を中心に広い影響力を持っていたのが本願寺である。

その本願寺が、十一月二十日付で光秀に書状を出している。内容は、阿波国や讃岐国の門徒を通じ、本願寺が三好三人衆に協力しているのではないかという疑惑を否定するものであった［7］。こういった書状が残っているということは、本圀寺襲撃に本願寺が関わっているのではないかという疑惑が持たれ、その疑惑を追求する内容の書状を光秀が出していたということになる。

それにしても、四国方面への関与が疑われるほど、本願寺の影響力は広域に及んでいたらしい。

◈ 信長に荷担

永禄十三年（一五七〇年）正月二十三日、信長は五箇条の条文を足利義昭に調印させた。条文の内容は、今後信長の許可無く義昭が政治を行うことは許されないという、義昭にとって大変不愉快なものであった［8］。

ここで注目したいのは、この条文の宛先が、光秀と朝山日乗（脚注1）になっていることである。つまり、光秀が信長の取り決めにおける証人となっており、光秀は、信長の要求に荷担する立場に立っているのだ。

しかもその約一ヶ月後、二月三十日には、わずかな手勢で上洛した信長が京都にある光秀の屋敷に泊まっている［9］（脚注2）。関係悪化が予測される足利義昭の家臣である光秀の所へ、信長がごく少人数で訪れて屋敷を使っているのであるから、信長と光秀の関係が密であることがうかがえる。

三月六日、信長は光秀と朝山日乗を派遣して、公家衆の所有する知行分の報告を行わせた［10］。領地を把握し、保護する目的があったのだろう。この業務は、京都所司代（脚注3）の仕事といえるらしい

［11］。

後に京都所司代にあたる仕事を任されたのは織田家家臣の村井貞勝という人物だが、その経過を京都における政治的な文書からみるに、はじめのうちは光秀が貞勝と連名で文書を処理し、政務が安定するにつれて次第に貞勝のみで処理されるようになっていく。どうやら光秀は、人を指導できるほどの政務能力を有していたようなのだ。『明智光秀』の著者、高柳光寿氏は、光秀の政治的な才能は京都の政治に相当深く関係していると考察されている。

これまで公的文書がほとんど残っていなかった光秀の実績が、信長と関わるようになって以降、様々な形で、飛躍的に残るようになったことは確かだ。

◆二君に仕える

ところで、足利義昭の家臣であった光秀が、この頃より信長の命令にも従って動いているのはなぜだろう。

少し年代戻って永禄九年（一五六六年）、『明智軍記』に、光秀は信長から四千二百貫の知行を与えられたとあり、『細川家記』では、永禄十一年（一五六八年）より五百貫の知行で仕え始めたとある。これらの記述から、光秀は信長にも仕官したらしいことがうかがえる。『細川家記』によると、光秀には足利義昭と信長の間に立つ「使者」という役割が与えられたとされており、義昭と信長、双方に仕官している状態となっている。

残念ながら『明智軍記』も『細川家記』も信憑性に乏しい史料であるため、これらの記述をそのまま信用することはできない。しかし信長の命令に従って公的に動いている光秀を、足利義昭が咎める様子がないことから、信長の命令にも応じてよい立場にあったようには見受けられる。

さらに時代を戻し永禄五年（一五六二年）、信長が徳川家康と同盟を結んだ時、これを仲介したのが水野信元という人物だった［12］。この人物は信長家臣でありながら、家康付きの者とされている。信元の居城（緒川城）が、信長の尾張国と家康の三河国の丁度中間辺りに位置しているという地理的な要素が大きかったのかもしれない。

このように、二君に仕える人物は比較的珍しいものの、いるにはいる。光秀の現状態も、そのようなものだったのではなかろうか。

◆朝倉義景と敵対

四月二十日、信長は朝倉義景を討伐すべく、京都を出発する［13］。信長の出した上洛要請に応じなかったことを理由に、義景を朝敵（朝廷に背く反逆者）に仕立て上げたうえでの出撃であった。

この時、光秀は先遣隊として若狭国と近江国の境辺りにいたらしい［14］。

三日後、年号が「永禄」から「元亀」へと改元される［15］。

改元にあたって、この「元亀」という年号を推していたのは足利義昭で、それに対して信長は「天正」を推していた。そのことで二人はまた揉めていたのだが、信長が朝倉義景討伐のために出兵した隙を突いて、義昭が改元したのだ［16］。

さらに三十日、近江国の浅井久政・長政父子が信長を裏切り朝倉氏に荷担した。そのため織田軍は朝倉軍と浅井軍の挟み撃ちに陥ってしまい、京都へと退却することとなる。

ところで、この戦の殿軍として残った羽柴秀吉（後の豊臣秀吉）が、光秀と功を競って活躍したという「金ヶ崎の退口」なる有名な話があるが、信頼のおける史料から、その話を裏付ける記録は見いだせない。

それにその頃、光秀は京都で幕府の政務を行っていたはずである。

（脚注1）　谷口克広氏『織田信長家臣人名辞典』によれば、朝山日乗の出身は出雲国。毛利氏のもとにいた後僧となって上洛し、朝廷とつながりを持っていたという。

その後信長上洛の際に朝廷より仲介者として任命され、信長からも信任を受けて伊勢国に領地を与えられた。信長家臣の村井貞勝と共に皇居の修理の奉行を勤めたり、禁令を発行することもあれば、幕府の使者として毛利氏との交渉を行う外交僧にもなっていたことから、朝廷・将軍・信長の三者に従う政僧として活動していたようだ。

ただ、キリスト教宣教師ルイス・フロイスの記した『日本史』では、仏教徒である朝山日乗がキリスト教に理解を示さなかったがために、「悪魔がその共犯者として毒を与えるために見出し得た、きわめて老獪で敏感な頭脳の持主」などと記されており、頭の良さは認められているようだが、人格面は必要以上に酷評されている。

（脚注2）光秀の屋敷は、将軍の屋敷や天皇の住んでいる御所に近い二条沿いにあったらしい。この頃すでに、光秀は京都で滞在するための屋敷を持っていたようだ。

（脚注3）京都所司代は、京都における治安維持や天皇・公家との交渉等、京都における行政全般を担当する職。

ただし、この頃は京都所司代という役職名はない。

◇注

[1] 太田牛一著、桑田忠親校注『信長公記』（人物往来社、一九六五年）
[2] 太田牛一著、桑田忠親校注、前掲註［1］
[3] 吉田兼見著、斎木一馬・染谷光広校訂『兼見卿記』（続群書類従完成会、一九七一年）
山科言継著、国書刊行会編纂『言継卿記』（続群書類従完成会、一九九八年）
[4] 内藤昌『復元安土城』（講談社選書メチエ、一九九四年）
[5] 奥野高廣『増訂織田信長文書の研究』（吉川弘文館、二〇〇七年）

［6］高柳光寿『明智光秀』（吉川弘文館、二〇〇五年）
［7］武田鏡村『織田信長石山本願寺合戦全史』（ＫＫベストセラーズ、二〇〇三年）
［8］奥野高廣、前掲註［5］
［9］山科言継著、国書刊行会編纂、前掲註［3］
［10］同右
［11］高柳光寿、前掲註［6］
［12］谷口克広著、高木昭作監修『織田信長家臣人名辞典』（吉川弘文館、一九九五年）
［13］太田牛一著、桑田忠親校注、前掲註［1］
［14］熊本県立美術館『信長からの手紙』（熊本県立美術館・公益財団法人永青文庫、二〇一四年）
［15］山科言継著、国書刊行会編纂、前掲註［3］
［16］太田牛一著、桑田忠親校注、前掲註［1］

第三節 ◆ 織田信長に仕える

◈ せめて仏僧らしく

元亀元年（一五七〇年）六月二十八日、織田軍は徳川家康の軍と共に、姉川で朝倉・浅井の連合軍と戦い、勝利を得た［1］。

七月四日、上洛した信長は、わずか騎馬三騎とそれに仕える者三十人ほどで再び京都の光秀屋敷に泊まる。足利義昭を伺い、今後予定している近江北部の浅井軍との戦闘について話した後、この光秀屋敷を使って多数の人と会見している［2］。

ところが、以前（永禄十二年）敵意のないことを表明していた本願寺が、信長に敵対する行動をとったことで、信長の状況は暗転する。

九月十二日、本願寺の門徒が摂津国福島にある信長の陣所を襲撃［3］。さらに、形勢を立て直そうとする朝倉・浅井軍とも連携し、二十日には近江国坂本の織田軍を襲った［4］。

二十四日、比叡山に布陣した朝倉・浅井軍に対し、坂本へ出陣した信長は比叡山の麓に布陣。朝倉・浅井軍を引き渡せば寺の領地の所有権を認めると比叡山の僧に取引を持ちかけたが拒否され、それならせめて仏僧らしく中立の立場でいるようにと訴えたのだが反応はなかった。そのため信長は、協力もせず中立の立場にもならないというのなら、比叡山を焼き打ちすると宣言をするに至る［5］。しかし、それでも比叡山の僧は信長の要求を無視し続けた。

◆風呂

十一月十三日、『兼見卿記』によると、光秀が吉田兼見邸を訪れ石風呂を所望するとある。

石風呂というのは、現代でいうサウナに相当するものだ。石風呂に入った光秀は、現在勝軍城に在城しているというような身の上話をしたらしい。

勝軍城は二十一日、信長在城のもと六角氏との和睦交渉が行われる場所となる。六角氏は永禄十一年に信長が上洛した際近江国観音寺城から逃亡し、その後も信長と対立し続けていたのだが、

明智風呂。

ついに信長との和睦に応じることとなったのだ。この和睦交渉に光秀も関わっていたのである。勝軍城にて六角氏との和睦交渉が行われた際、吉田兼右という人物が信長を訪ね、光秀の陣所に泊まったと『兼見卿記』に記されている。

『兼見卿記』という史料は、吉田兼右の息子で吉田神社の神主でもある兼見という人物が記した日記である。光秀と親しかった兼見は、『兼見卿記』に光秀に関する多くの記録を残しており、光秀を知るための良質の史料となっている。

二十三日、光秀は再び石風呂を所望している［6］。余談ではあるが、光秀が死亡した後、妙心寺の太嶺院住持であった光秀の叔父、密宗という者が、光秀を偲んで妙心寺浴室「明智風呂」を建造したという記録がある［7］。ひょっとすると光秀は、風呂好きだったのかもしれない。

◈ 焼き討ち

元亀二年（一五七一年）七月五日、信長は正親町天皇の妹曇華院の所領において、足利義昭が不正を行っていることを指摘する。こんなことをして世間体が悪いとは思わないのか、信長は光秀と上野秀政を通して義昭にそう伝言させた［8］。光秀と一緒に伝言役に指名された秀政という人物は、光秀と同じく義昭の家臣である。

八月四日、上洛時に織田軍に与していた松永久秀が離反する。しかし、久秀は大和国の筒井順慶と戦った結果大敗したため［9］、織田軍の大事には至らなかった。

九月十二日、信長は比叡山延暦寺を焼き打ちした。これは前年から何度も警告を行っていたことである。

光秀も、焼き打ち前の九月二日付で、比叡山の麓に位置する雄琴の豪族和田秀純に懐柔のための書状を送っている。書状には、信長に従う決断を下した秀純に、光秀が涙を流すほど感激したこと。秀純のために、雄琴には鉄砲、弾薬を十分に置くということ。人質の子供はもらうが、これはあらぬ疑いをかける者の口を塞ぐためであることなどが記されている。焼き打ち前から警告を告げていたうえ、信長に降った勢力に対しては心から敬意を示している様子が見受けられる［10］。

比叡山焼き打ちに関する現在の風評は、信長が老若男女問わず皆殺しにしたという壮大な悲劇に仕上がっているが、信長に敵対する者に対してのみ討伐が行われたのであり、非道な行いだと信長を揶揄する歴史解釈は大げさに過ぎる。『信長公記』によると討伐自体は八王子山に限ってしか行われておらず、しかも山上の建物は既に荒廃しており、大部分の僧侶達は麓の坂本周辺にいたようだ。そのうえ前年からの警告に加えて焼き打ち直前にも懐柔のための書状を送るなど、さんざん忠告している。

こうして、非常に正当な手順を踏んで予告通りに比叡山を攻め落とした信長は、この付近の土地である近江国志賀郡を光秀に与えた［11］。

◈ 堺

十月二十七日付で、堺の商人今井宗久から、光秀に宛てた書状がある。内容は堺衆の安堵に関するものであり、光秀が堺の商人達との交渉も任されていたことがわかる。宗久は信長が堺に対して二万貫の矢銭（軍事費用）を課した時、「会合衆《えごうしゅう》」に協力を呼びかけた人物だ。

当時の堺の町は周囲を堀で囲み、「会合衆」と呼ばれる者達で町を統治している自衛都市であった。堺の商人で、茶人としても有名な津田宗及の記した史料『天王寺屋会記』や、文明十六年（一四八四年）に書かれた日記『蔗軒日録』などでは、会合衆が十人いたことがわかっている［12］（脚注1）。町は非常に治安が良く、この町を目の当たりにした宣教師たちは、まるでベニスの町のようだと感動したという。

高柳光寿氏は著書『明智光秀』にて、光秀が堺衆を代表する今井宗久と接触し、早くから当時の経済的勢力と関係をつけたことは注目に値すると述べている。会合衆と会合できるということが、光秀の政治的な力を示すからである。

一方プライベートな情報にはなるが、翌月の二十八日、吉田神社の神主、吉田兼見の父である兼右が、毛利輝元より厳島神社正遷宮のための儀式を依頼され安芸国へ赴くことになった。旅立とうとする兼右の老体を案じ、光秀は上司の細川藤孝、三淵藤英（藤孝の異母兄弟で、後に兼右の遺品の長太刀を受け取る人物）らと共に諌止するも、兼右は出立する。兼見と光秀たちは、東寺の辺りまで、旅立つ兼右を見送った［13］。

◆辞表

十二月、この月、光秀は足利義昭に対して職を辞することを表明した。

今や信長と足利義昭の関係は破綻しており、その状況下で光秀は、信長から近江国志賀郡を与えられている。間を取り持つのも限界だったということだろう。いわゆる辞表に値する書状を提出した。

書状には、先行きの見込みがない自分は薙髪して仏門に入るつもりだから暇を貰いたいなど、足利義昭に敵意があると思われないよう配慮した言葉が記されている［14］。

この決断について、光秀は信長と足利義昭の将来性や器量を天秤にかけ、義昭を見限ったとされており、一般には、この決断は聡明であると評価されている。後世の人は結果ありきで物事を見ているので、信長を選んだ光秀に見る目があったように見えるのだろう。

しかし、現段階における両者の将来性については、依然敵対勢力に囲まれ続けている信長に対し、実のところ信長の敵対勢力と内応し、囲んでいた側の義昭が優位に立つ可能性が十分に有り得た。しかも義昭は征夷大将軍でもある。この時点で信長に付くことが有利であったのかは甚だ疑問だ。

このような状況下において、光秀があえて信長を支持した理由として考えられるのは、信長の光秀に対する異常なほどの処遇の良さである。信長は光秀に重要な仕事を次々と任せているばかりか、いち早く、領土まで与えている。光秀自身も義昭に不利な条文の証人になるなど、随分と信長に加担している様子であるから、光秀が義昭を見限ったというより、義昭から辞任を促されたとしてもおかしくない有様である。いずれにせよ、辞表が通り織田政権に組み込まれたことが明確になった以上、信長が負けてしまえばそれこそもう光秀には先行きがないといえよう。

二十九日、光秀は村井貞勝、細川藤孝と共に信長の茶会に招待され、岐阜城を訪れる[15]。信長が光秀を自身の政権に組み込む動きは早かった。藤孝も招待していることから、光秀だけでなく、幕府の家臣らをも引き込もうとしているようである。

（脚注1）　一般的に会合衆は三十六人で構成されているといわれているが、これは江戸時代に編集された軍記物語『重編応仁記』の情報であり、信憑性に欠ける。

◇注

[1]　太田牛一著、桑田忠親校注『信長公記』（人物往来社、一九六五年）
[2]　山科言継著、国書刊行会編纂『言継卿記』（続群書類従完成会、一九九八年）
[3]　太田牛一著、桑田忠親校注、前掲註[1]

［4］山科言継著、国書刊行会編纂、前掲註［2］
［5］太田牛一著、桑田忠親校注、前掲註［1］
［6］吉田兼見著、斎木一馬・染谷光広校訂『兼見卿記』（続群書類従完成会、一九七一年）
［7］川上孤山『妙心寺史 下』（妙心寺派教務所、一九一七年）
［8］奥野高廣『増訂織田信長文書の研究』（吉川弘文館、二〇〇七年）
［9］多聞院英俊著、辻善之助編『多聞院日記』（角川書店、一九六七年）
［10］『新修大津市史』（大津市役所、一九八五年）
［11］太田牛一著、桑田忠親校注、前掲註［1］
［12］朝尾直弘ほか著『堺の歴史』（角川書店、一九九九年）
［13］吉田兼見著、斎木一馬・染谷光広校訂、前掲註［6］
［14］高柳光寿『明智光秀』（吉川弘文館、二〇〇五年）
［15］山科言継著、国書刊行会編纂、前掲註［2］

第四節 ◆ 坂本築城

◈ 坂本城

元亀二年（一五七一年）九月、光秀は近江国志賀郡を与えられ、同時に坂本の地に赴任することとなった［1］。そのうえ、自分の城を持つことをも許される。

光秀が赴任する坂本に建てた城は坂本城と呼ばれ、光秀自ら縄張り（設計）をしたといわれている。これについては宣教師ルイス・フロイスの記した『日本史』に、光秀は「築城のことに造詣が深く、優れた建築手腕の持主」であったとあることから、確かである可能性が高い。光秀には築城の才能もあったのだ。しかもこの技能は、歴史的に大きな功績を残したといえるだろう。

坂本城について特筆すべき最大のポイントは、「水城」という新しい様式の城郭だったことである。これは、築き上げた石垣の周囲に水を張り巡らせることによって、水上に城が建っているように見えることから名付けられた。

この石垣造りに貢献したのは、「穴太衆」という石組みの専門技術を持つ者たちであった。坂本には技術者として日本に住み着いた、百済系渡来人である穴太氏の本拠がある。石垣を築く技術を導入することで、城はその防御機能を高めるだけでなく、水辺という不安定な地盤に建物を建てることをも可能にした。起伏に富み、湿地帯の多い日本において、立地条件を選ばない建築が可能になったということは石垣導入の本懐であり、築城技術の革新だったと思われる。

また、湖上という立地を生かし、城内まで船を入れることができるように設計されていた。移動用の「快速船」が整備されており、城から直接船を出し、そのまま琵琶湖を往来していたようだ［2］。城に備蓄された諸々の備えも万全であったらしく、「見事で言葉に出来ない」との記録も残っている［3］。

さらにこの城は、天主と小天主から成る「連立式天主」を有していたという［4］。「天主」という表記については二条城の再建時に触れた通り、光秀の時代に建てられた城にあてられたものだ。

フロイスの『日本史』には「坂本城は豪壮華麗なものであり、信長の安土城に続いで坂本城ほど有名なものは天下にない」と記されている。しかし、信長の安土城が建つのは八年も後のことである。つまり坂本城は、築城時より随分長いあいだ天下一豪壮華麗な湖上の城だったということになる。初めて見る建築物、というインパクトも相まって、当時の人々に与えた衝撃は計り知れない。

そしてそのような城を自ら造り、誰よりも早く、信長よりも先に住んでいたのが光秀だったということは、とても興味深いことである。

奏者

元亀三年（一五七二年）三月十二日、信長が上洛し妙覚寺に宿泊した時、光秀が信長の奏者になっていることが確認できる［5］。

奏者とは身分の高い人に取り次ぎをする者のことで、この頃すでに光秀が信長の側近となっていることが、これによって確認できる。ついこの間正式に織田家臣となったばかりの光秀が、もう信長の側近となっているのだ。通常、奏者は何代にも渡って仕えてきた家臣に与えられるポジションであるだけに、これも大変興味深い［6］。

四月一日、昨年十一月に厳島神社正遷宮のための儀式を依頼され、息子や光秀に老体を案じられつつも安芸国へ赴いた吉田兼右が京都に帰って来る。三日、信長を訪問して面会。信長は機嫌が良く、光秀が馳走の取り成しをしたという［7］。この時も、ごくあたり前のように、信長の近辺に光秀の存在が確認できる。

囲舟

七月二十一日、信長は浅井氏の本拠地である近江国小谷に攻め寄せ、城を囲んだ。陸路で攻める信長に対し、光秀は「囲舟」という船を建造し、二十四日、琵琶湖にある竹生島を攻めている〔8〕。

囲舟とは、船縁に厚い板を立てることによって矢や鉄砲を防ぎつつ、積み込んだ火矢や鉄砲、さらには大砲を用いて攻撃することができる画期的な戦闘船であった。大砲の輸送に船を用いることは、破壊力はあるが機動性に欠ける大砲の弱点を補う効果的な方法であるといえよう。この後も、光秀はこの囲舟を用いて琵琶湖を移動し、竹生島のほか、海津や塩津などの敵陣地を制圧して回っている〔9〕。

十二月十一日、この頃坂本城普請に取りかかっている光秀が、山王社敷地内（比叡山にある日吉神社の別名。昨年焼き討ちを行った八王子山に建てられている）で何か不快な感じがすると親族が悩んでいることを、吉田神社の宮司である吉田兼見に相談している。そして安鎮札を貰った〔10〕。その後、この手の苦情は出ていないので、お札をもらって解決したのだろうか。

二十二日、三方ヶ原で織田・徳川軍の連合軍が武田軍に破られる〔11〕。信長の敗戦は、光秀にとっても手痛い出来事だっただろう。

◆正気ではない光秀

元亀四年（一五七三年）二月六日、光秀の指揮下に置かれていた幕臣、山本対馬守・磯谷久次・渡辺宮内少輔が光秀を裏切り、近江国に布陣して敵対する。特に磯谷久次は、昨年十一月十五日、息子が元服する際の命名を光秀に頼んでおり「彦四郎」と名付けているのだが［12］、その久次ですら光秀を裏切った（脚注1）。

その後十九日付けで足利義昭が朝倉氏に宛てた書状には、「光秀は正気であるとは思えない。このことは朝倉義景その他同名衆にも伝えておけ。とりあえず兵を五、六千程、山本のところへよこすよう頼む」とあり、義昭直々に光秀打倒のための援軍が要請されている［13］。

この時の裏切りは、信長ではなく光秀を討とうとしたものであるらしい。また、現段階での兵力では心許なく、さらなる兵力を要求していることからも「光秀は正気であるとは思えない」と伝えたこの文面からは、光秀に対する脅威がうかがい知れる。

朝倉氏に警戒を呼びかけた足利義昭は、それでもなお手を緩めなかった。武田軍に呼応するだけでなく、一向宗門徒や伊賀・甲賀衆をも味方にし、石山や今堅田に築いた城で挙兵の準備をしていたのだ［14］。

これに対し信長は、光秀に命じて柴田勝家や丹羽長秀、蜂屋頼隆と共に石山の城を落した後、今堅田を落とさせる。

この時光秀は、またあの囲舟を用い、先陣を切って今堅田に攻め寄せている。囲舟には大砲三十挺余りが搭載されており、これを堅田城内に一斉に撃ちかけたのだ。混乱状態となった城内は、上陸した光秀勢によって制圧される。結局のところ足利義昭は、十分に警戒し、準備していたにもかかわらず、光秀に破れたのだ。

一方光秀は、この戦で十八名の死者を出したようだ。『西教寺文書』五月二十四日に、光秀が十八名の戦死者を弔うための供養米を納めたとある。供養米は皆同じ量で、戦死者の名前や戦死した日にちまで書かれてある。それは彼らの階級や身分を無視したもので、兵士一人一人に対し、命を平等に弔おうとする心遣いが感じられる[15]。

なお、余談ではあるがこの『西教寺文書』に「咲庵」という雅号《がごう》（文人や画家、書家などが本名の他に付ける名前）が書かれている。これは光秀の雅号と解釈されているようであるが、現在西教寺に残っている書状は、普段光秀が発行している書状と筆跡が違っているように思われる[図1]。それゆえこの文書にしか書かれていない「咲庵」を光秀の雅号と断定してしまうことには疑問を感じる。偽造するような内容でもないため、写しではないかと推測するが、どうだろう。

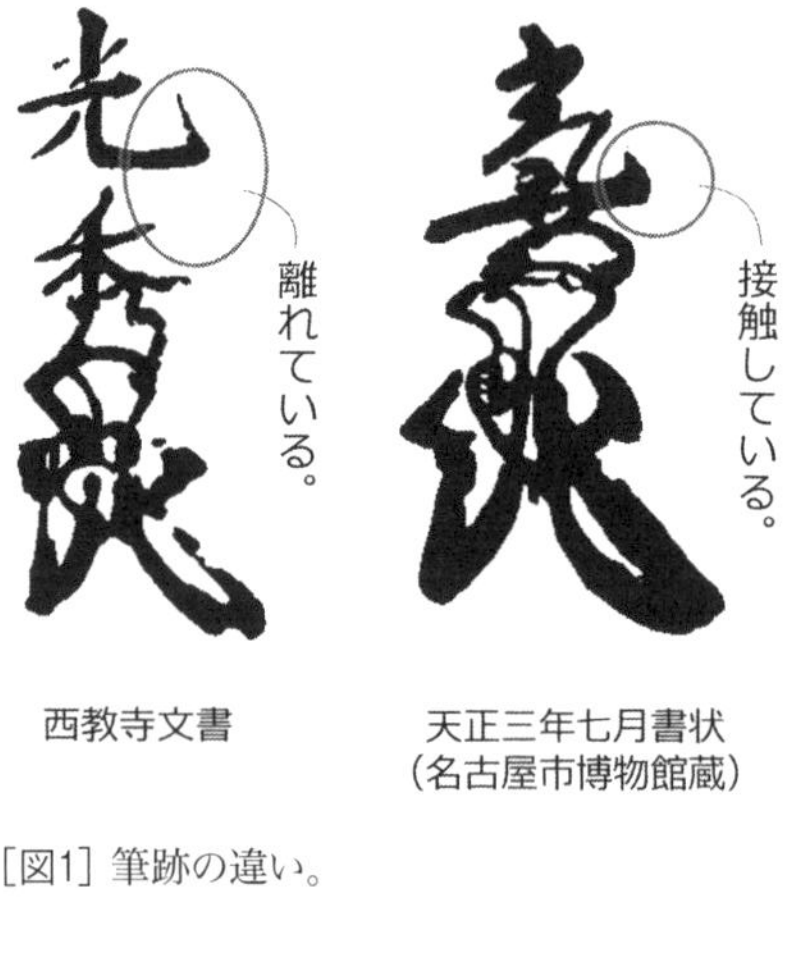

天正三年七月書状（名古屋市博物館蔵）

西教寺文書

[図1] 筆跡の違い。

◆足利義昭の追放

三月二十九日、幕臣（足利義昭の家臣）の細川藤孝と荒木村重が、光秀の勧誘により織田軍に帰順した［16］。かつて光秀が奉仕していた藤孝は、立場変わってその光秀の家臣となったのである。

三十日、足利義昭は織田家の京都代官を務めていた村井貞勝邸を包囲したものの、四月四日には義昭の二条城が織田軍に包囲され、そのうえ上京に火をつけられた［17］。この抗争を止めるべく、翌五日、綸旨（天皇からの命令文書）が出され、これによって義昭は信長と和睦することとなる［18］。

四月二十八日付の書状によると、光秀は琵琶湖の船大工である三郎左衛門という人物に諸役免除の特権を与えている。『大津市史』は、この船大工を光秀が度々使用している囲舟の作成に貢献した人物ではないかと推測されている。

七月三日、足利義昭が再び挙兵する。これを受けて信長は、船で琵琶湖を横断し坂本城で下船、坂本から上洛している。琵琶湖の水上交通を利用すれば、従来の陸路による上洛より安全で、しかも速かった［図2］。

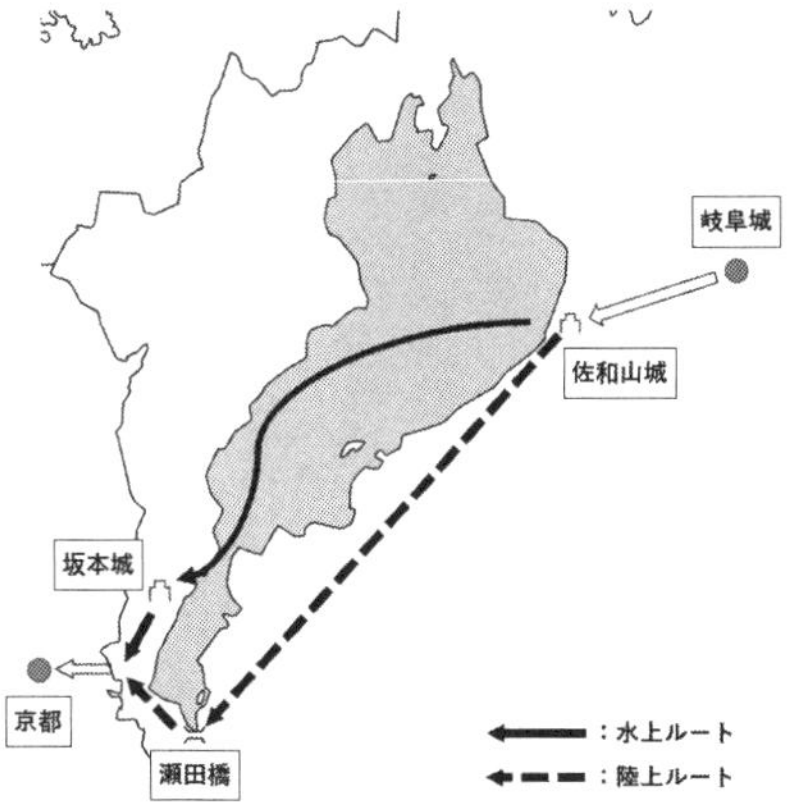

［図2］上洛ルート。

上洛した信長は九日、妙覚寺を本陣とし、義昭の二条城を再び包囲する[19]。

そして十八日、信長はついに足利義昭を京都から追放する。

この時足利義昭を処刑しなかったのは、将軍である義昭を死なせてしまうと、信長が逆賊になってしまうからである。そうなると朝廷の権限を利用することも難しくなり、京都を押さえるメリットがなくなる上に、信長に反感を持つ者に対して「逆賊信長を討つ」という大義名分を与えてしまう。戦を起こそうという場合にも、国を統治しようとする場合にも、正当性の主張は必須であった。

そのため信長は、足利義昭の嫡男である義尋を「若君様」として庇護しており[20]、将軍家は信長のもとに健在であることをアピールしている。こうしておくことで、反信長勢力が決起する口実を作らせないようにしていたのだ。

二十六日、信長は自ら建造した「大船」という船を使い、未だ抵抗を続ける幕府軍残党が篭る近江国の木戸・田中両城を水路と陸路から攻撃し、攻め落とす。大船とは、三千から五千の兵を一気に輸送することを想定して造った、全長三十間（約五五メートル）、幅七間（約一三メートル）の大きな船である。攻め落とした木戸・田中両城はまたもや光秀に与えられ、信長に降った幕臣たちも、信長の命で光秀の配下に加わることが決定される[21]。

京都を追われた足利義昭は、安芸国の毛利氏を頼って落ち延びることとなった。

足利義昭を追放することができた信長は、ただちに年号を「元亀」から「天正」に改元している。

（脚注1）　磯谷久次は、上洛の際信長に従い光秀の指揮下に置かれていた幕臣であった。

◇注

[1] 太田牛一著、桑田忠親校注『信長公記』（人物往来社、一九六五年）
[2] 永島福太郎編『天王寺屋会記』（淡交社、一九八九年）
[3] 島津家久『家久君上京日記』（九州史料叢書18『近世初頭九州紀行記集』九州史料刊行会、一九六七年）
[4] 吉田兼見著、斎木一馬・染谷光広校訂『兼見卿記』（続群書類従完成会、一九七一年）
[5] 同右
[6] 松原信之『越前朝倉氏の研究』（吉川弘文館、二〇〇八年）
[7] 吉田兼見著、斎木一馬・染谷光広校訂、前掲註[4]
[8] 太田牛一著、桑田忠親校注、前掲註[1]
[9] 同右
[10] 吉田兼見著、斎木一馬・染谷光広校訂、前掲註[4]
[11] 太田牛一著、桑田忠親校注、前掲註[1]
[12] 吉田兼見著、斎木一馬・染谷光広校訂、前掲註[4]
[13] 高柳光寿『明智光秀』（吉川弘文館、二〇〇五年）
[14] 同右
[15] 亀岡市文化資料館『明智光秀と丹波・亀岡』（一九九〇年）

〔16〕太田牛一著、桑田忠親校注、前掲註〔1〕
〔17〕吉田兼見著、斎木一馬・染谷光広校訂、前掲註〔4〕
〔18〕太田牛一著、桑田忠親校注、前掲註〔1〕
〔19〕同右
〔20〕奥野高廣『増訂織田信長文書の研究』(吉川弘文館、二〇〇七年)
〔21〕太田牛一著、桑田忠親校注、前掲註〔1〕

第五節　転戦

滝川一益

天正元年（一五七三年）八月十七日、足利義昭を京都から追放した信長は越前国へと侵攻し、二十日には朝倉義景を自害させた。そして二十七日、浅井氏のいる小谷城を攻略し、捕らえた浅井久政・長政親子を処刑する［1］。

浅井氏の治めていた近江国の北部は羽柴秀吉に与えられ、秀吉は今浜に城を築くことになる。今浜は長浜と名前を改められ、建てられた城は長浜城と呼ばれている。信長から「長」という字を拝借したようだ。光秀が坂本城主となってから、約二年後のことであった。

信長が小谷城を攻め落としている時、光秀は滝川一益と共に、朝倉館にて織田軍が新たに手に入れた越前国の戦後処理を行っていたようで、越前国の地に住む豪族や寺社に宛てて所領を安堵する書状を送っている［2］。

この滝川一益という人物は、古くから信長に仕えている家臣であった。その人柄は誠実だったように思われる。奥野高廣氏『織田信長文書の研究』によると、元亀三年九月二十八日に、細川藤孝が革島氏に対して知行安堵の措置を行った際、一益がその書類を紛失したため再度朱印状が発行されたことがあった。この時一益は、「面目《めんもく》を失った」と自分で述べている。面目というのは、世間に対する対面や名誉のことである。この時代の文献で、自分の非を自分で認める記述は非常に珍しい。己の落ち度を誤魔化そうとしない態度は好ましく、一益の人となりを表しているように思う。

七月二十三日、滝川一益は山岡景佐という人物と共に吉田兼見を訪ね、石風呂を所望している。この日光秀も吉田神社に寄宿しているので、もしかすると光秀に勧められたのかもしれない。翌二十四日、光秀は自軍を裏切った山本対馬守を攻めるため出陣している［3］。

◆大和国にて

天正二年（一五七四年）正月十一日、信長は大和国にある松永久秀の居城であった多聞山城に光秀を派遣する［4］。元亀二年八月に信長への裏切りに失敗した久秀は、この城を差し出して信長に降伏したのである。そのため空き城となった多聞山城に、この度光秀が派遣されたのだ。

二十四日、光秀は多聞山城で連歌会を開いている。連歌とは和歌（五・七・五で作る上の句と、七・

七で作る下の句によって情景や心情を表現するもの）の上の句と下の句を複数人で交互に詠み合い、歌を繋げていく文化的たしなみの一つである。光秀は連歌を好んでいたようで、この後頻繁に連歌会の記録を残すようになる。

正月末、光秀は大和国興福寺大乗院の尋憲という僧に使いを出し、「法性五郎の長太刀」を見物したいと申し出ている。当時、権力者が見せて欲しいと言ってきた時はそのまま没収されることがままあったらしいが、光秀は、良いものを見せてもらえてとても嬉しい、近日御礼をしに参上するという内容の書状を添えて、すぐに長太刀を返したという［5］。本当に見るだけだったようだ。

◈ 別行動

七月十三日から、信長は伊勢国長島の一向一揆衆と対峙する。

一方、光秀は信長と別行動を取っており、幕臣から光秀家臣となった荒木村重らと共に摂津国方面の一向一揆衆と対峙し、その戦況を信長に報告していた。同月二十九日に信長が光秀に宛てた書状には、「摂津での戦況報告書を読んだが、とても詳細に書かれており、そちらの情景が今にも目に浮かんできそうなほどだ」とあり、光秀の戦況報告の緻密さを手放しで褒め称えている［6］。

この書状の続きには、敵勢が動いた場合の対処法や、敵勢が攻めてきた時は援軍を派遣する準備ができていること。それから、信長の攻めている長島の戦況を伝えてもいる。中には「伊丹城の敵が出てくるようならば後ろ巻きにするのがいいと思うが、そのあたりは光秀の判断に任せる」ともあり、光秀の采配を信頼していることがうかがえる。同じく摂津国にいた細川藤孝に宛てた八月五日の信長の書状においても、「詳しいことは光秀と相談して作戦にあたれ」とあるほどだ。当の光秀は九月に藤孝や佐久間信盛らと共に河内国に侵攻し、一向一揆衆や三好軍をも撃破している［7］。

◈縁談

この年、光秀の娘が信長の命により織田信行の息子信澄に嫁いでいる［8］。

織田信行という人物は織田家家督争いの中で信長に殺された信長の弟であるが、その息子信澄は、信長の実子信忠・信雄に次ぐ扱いを受けていたことがわかっている。縁談によって、光秀は織田家と血縁関係を結ぶことができたのだ。

桑田忠親氏の『明智光秀』によると、縁戚となった光秀は京都にある光秀屋敷に「御成りの間」を設け、信長の宿泊所を用意したとある。光秀の織田家への関与は、日ましに深みを増しているようだ。

◆祈願

天正三年（一五七五年）三月下旬、昨年の四月頃死去した武田信玄に代わり、息子勝頼が徳川領である遠江国に侵攻する[9]。

徳川家康からの救援を受けた信長は、四月二十七日に京都を出て、坂本から光秀の船に乗って佐和山城まで移動しようとしたが、思った以上に風が強かったために、常楽寺で船を降りて佐和山まで陸路で向かった。翌日には岐阜城に入っている[10]。

その後信長は徳川家康と合流し、長篠の戦いで武田軍を撃退するわけだが、光秀は信長を送り出した後は、この戦に参加しておらず、五月十五日に坂本で連歌会を開いたりしている[11]。これはおそらく戦勝祈願を意図したものだろう。十三日、三河国に向けて出陣した信長は熱田神宮を訪れ、その際荒廃した神社を目の当たりにして修繕を指示していた[12]。こちらもおそらく戦勝祈願を兼ねた行為だと思われる。

「戦勝祈願」とは戦に勝てるように祈願することであるが、祈願の方法は様々であった。信長と光秀はそれぞれ、信長は神社に参拝に行き、光秀は連歌を奉納することで祈願をする傾向がある。神仏をないがしろにしたと指摘されることの多い信長だが[13]、実際はこのように神前で勝利を願っていたのだ。どうして神をないがしろにしていたといえるだろうか。

さて、信長が三河国へ出陣している頃、光秀の居る坂本には薩摩国の島津家久という人物が訪れていた。家久は伊勢参宮のために旅をしており、その間の出来事を『家久君上京日記』に記している。日記によると、五月十四日に坂本を訪れた島津家久は、光秀に歓迎され屋形船に乗って琵琶湖から坂本城を案内してもらった。坂本城を目にした家久は言葉に尽くせないと感嘆し、屋形船の屋根に登って酒を飲むなど、大いにはしゃいだ。次の日は琵琶湖のほとりで魚捕りの仕掛けを見たり、風呂に入ったりと楽しい時間を過ごしたようであるが、同行していた光秀は、出陣している信長が心配で気分が晴れない様子だったと記述している[14]。

五月二十四日、長篠で武田軍を破ったという戦果を信長からの書状で知った光秀は、ようやく安心したようで、吉田兼見が坂本城を訪れた際、その書状を見せて喜んでいる[15]。

◆注

[1] 太田牛一著、桑田忠親校注『信長公記』(人物往来社、一九六五年)
[2] 桑田忠親『明智光秀』(講談社文庫、一九八三年)
[3] 吉田兼見著、斎木一馬・染谷光広校訂『兼見卿記』(続群書類従完成会、一九七一年)
[4] 多聞院英俊著、辻善之助編『多聞院日記』(角川書店、一九六七年)
[5] 『尋憲記』(東京大学史料編纂所編纂『大日本史料 第10編』東京大学史料編纂所データベース)
[6] 奥野高廣『増訂織田信長文書の研究』(吉川弘文館、二〇〇七年)

〔7〕同右
〔8〕高柳光寿『明智光秀』（吉川弘文館、二〇〇五年）
〔9〕太田牛一著、桑田忠親校注、前掲註〔1〕
〔10〕同右
〔11〕島津家久『家久君上京日記』（九州史料叢書18『近世初頭九州紀行記集』九州史料刊行会、一九六七年）
〔12〕太田牛一著、桑田忠親校注、前掲註〔1〕
〔13〕小和田哲男『集中講義 織田信長』（新潮文庫、二〇〇六年）
〔14〕島津家久、前掲註〔11〕
〔15〕吉田兼見著、斎木一馬・染谷光広校訂、前掲註〔3〕

第六節◆第一次丹波攻略

◈責任者

天正三年（一五七五年）六月七日、光秀は信長から丹波、丹後地方の攻略における責任者に任命された［1］。いわゆる、丹波攻略が始まったのである。

ところが、この後光秀は丹波攻略にかかりっきりになっていたわけではない。丹波、丹後国を攻略しながら、他の戦にも参加し、他の国と外交もしている。

◈姓と官職名

七月三日、光秀は朝廷から惟任日向守という名を授かった。

惟任というのは九州の名族の姓であり、日向守は九州にある日向地方の長官にあてられる官職名である。この二つの名は朝廷を通して信長が授けており、光秀の他に、武井夕庵は二位法印、松井友閑は宮内卿法印、梁田政次は別喜右近、丹羽長秀は惟住姓というように、名族の姓か官職名が授けられている［2］。姓か官職名のどちらか一方を授かる者が多い中、光秀のように両方とも授かることは名誉なことだったようだ。

光秀と同じく姓と官職名の両方を授かった人物は、もう一人いる。信長の馬廻りをしていた塙直政で、この頃から名乗りを「原田備中守」と変えている［3］。直政は先に挙げた『信長公記』には名前が挙げられていないのだが、姓と官職名を授かっていることは間違いない。直政は天正二年に山城国南部の支配を任され、天正三年三月には大和国の守護に任命されており、信長から高く評価されている人材であった。

◈ 丹波攻略と越前国残党討伐

七月四日付の文書によれば、光秀は丹波国の豪族である小畠左馬進らに対して、柱五本・冠木一本・垂木など六十本を保津川まで運ぶよう通達している［4］。丹波攻略のために、早くも築城を開始したのだ。木材の運送に川を使っていることがわかり、大変面白い記録である。

八月十五日、信長は越前国の朝倉氏残党と一向一揆の討伐を行う。光秀もこの戦に参加しており、羽柴秀吉と共に一揆衆を撃退したり、城を落としたりしている［5］。秀吉には、昨年木ノ芽峠城を落とされた怨恨があったらしい。そのためこの時の戦で越前国の領地を焼打ちし、兵士は討ち取られるか捕らえられて打ち首にし、民ら非戦闘員をも老若男女問わず撫で切りにしたという［6］。

九月二日、越前国の八郡が柴田勝家に与えられる［7］。

福井市明智神社奉賛会によると、光秀はこの度の戦で朝倉氏に仕えていた時住んでいた東大味の住民に被害が及ぶことを憂い、柴田勝家に依頼して安堵状を出させていたため、光秀の居た村に関しては焼打ちに合わずに済んだという伝承を伝えている。この時の恩義から、村には今でも光秀を祀る明智神社があり、光秀の木像が守られている。また、ほど近い西蓮寺では勝家と柴田勝定（脚注1）が出した二通の安堵状と、こちらは勝家の木像が守られているのだが、そもそも、光秀が朝倉氏に仕えていたという確固たる記録がないので不思議な話である。

加えてこの二通の書状は、柴田勝定が九月十一日付、勝家は十一月二十日付で出したものである。討伐後に書状が出さ

明智神社。

れていることから、光秀が戦を憂いて安堵状を出させたという話は成立しなくなる。

物語や伝承では、信長に仕える以前の光秀が朝倉氏に仕えていたという話を目にすることが多いが、光秀の信長以前の仕官先について現在わかっていることは、幕臣の細川藤孝に仕えていたということだけだ［8］。

光秀と朝倉氏との接点について考えられるとすれば、上洛する前の足利義昭が一時期朝倉氏を頼り越前国へ身を寄せていた時だろうか。義昭に従う藤孝ら幕臣と共に、光秀も越前国に滞在した可能性はあるかもしれない。しかし今のところ、光秀と越前国の土地との関連はよくわかっていない。

◈ 丹波攻略と中国四国地方における交渉

十月二十六日、信長は土佐国の長宗我部元親の息子に対して、自分の名前の「信」を与え信親と名乗ることを許し、その詳細を光秀に伝達させた。光秀は四国地方の長宗我部氏との交渉役を任されていたようだ［9］。

一方丹波国方面では、光秀采配の丹波攻略の第一歩が始まっている。

それはすなわち、丹波地方の豪族達に信長に帰順するよう呼びかけを行い、信長朱印を用いて和平を説いて回ることであったらしい。光秀は丹波国だけでなく播磨国や但馬国へも出向いていたようで、その結果、十月には播磨国や但馬国の豪族が信長のもとに参上している［10］。

十一月、和平に応じなかった丹波国の有力者、荻野直正（赤井悪右衛門直正）の本拠黒井城を明智軍が囲む。この頃になると、すでに丹波国の国衆の約半分は光秀に帰順していたようで、丹波攻略はこのまま順調に推移するかに思えた［11］。

◆悪右衛門の呼込戦法

天正四年（一五七六年）正月十五日、光秀に帰順し黒井城の攻撃に加わっていた、波多野一族（波多野秀治の他秀尚・宗長・宗貞ら）が光秀を裏切る。黒井城の荻野勢と共に波多野勢からも攻撃を受けた明智軍は敗走し、二十一日、光秀はなんとか坂本にたどり着いた［12］。

この裏切り行為について、実のところ光秀が丹波国に侵攻し始めた頃からすでに、荻野直正と波多野秀治を中心に光秀打倒の取り決めがあったという話がある。取り決めの内容は、秀治ら諸侯が偽って光秀に帰順し黒井城を包囲させておき、戦を仕掛けようと明智軍が動いた瞬間一斉に裏切って光秀を討ち取るという計画で、後世の人はこれを「悪右衛門（荻野直正のこと）の呼込戦法」と名付けている［13］。

しかしながらこの話は、作戦名含め後世の人が創作した疑いが濃厚であるから要注意だ。裏切りがあったことは確かだが、こういった取り決めがあったのかどうかについては、実際のところよくわかっていない。

良質な史料の裏付けがない限り、わからない箇所はわからないというしかない。「悪右衛門の呼込戦法」のような魅力的な話も、裏付けがないなら憶測に過ぎないことを断っておく必要がある。

荻野直正は波多野秀治の妹を妻としており、両者は親戚関係を結んでいた。しかし秀治の方は、元亀元年（一五七〇年）十一月二十四日から早くも信長に帰順しており、当初は直政と歩調を合わせていないようにみえた。その後の経緯は不明であるが、この度波多野一族は光秀を裏切り、これによって明智軍は敗走した。

光秀の敗走を知った信長は、「なんとも気の毒なことであった」と嘆いたという。そして波多野氏ら裏切りを行った者を「逆徒」と呼び、討伐する予定を公言している［14］。光秀が自分の味方から裏切りを受けたのは、これが二度目だ。

二月十八日、光秀は再び丹波国へ向かったが、しばらくして戦況が緊迫している本願寺攻めに加わるよう指示され、丹波攻略はひとまず延期となった。

（脚注1）　柴田勝定は、柴田勝家の家臣。勝家と兄弟であるという話もあるが、縁戚関係にあるかどうか定かではない。

◆注

［1］奥野高廣『増訂織田信長文書の研究』（吉川弘文館、二〇〇七年）
［2］太田牛一著、桑田忠親校注『信長公記』（人物往来社、一九六五年）
［3］多聞院英俊著、辻善之助編『多聞院日記』（角川書店、一九六七年）
［4］桑田忠親『明智光秀』（講談社、一九八三年）
［5］太田牛一著、桑田忠親校注、前掲註［2］
［6］多聞院英俊著、辻善之助編、前掲註［3］
［7］太田牛一著、桑田忠親校注、前掲註［2］
［8］ルイス・フロイス著、松田毅一・川崎桃太翻訳『日本史』（中央公論社、一九七八年）
［9］奥野高廣、前掲註［1］
［10］同右
［11］高柳光寿『明智光秀』（吉川弘文館、二〇〇五年）
［12］吉田兼見著、斎木一馬・染谷光広校訂『兼見卿記』（続群書類従完成会、一九七一年）
［13］芦田確次・村上完二・青木俊夫・船越昌著『丹波戦国史　黒井城を中心として』（歴史図書社、一九七三年）
［14］奥野高廣、前掲註［1］

第七節 ◆ 天王寺砦救出戦

◈ 本願寺攻め準備

天正四年（一五七六年）正月、光秀が波多野秀治らの裏切りにより丹波国から敗走した頃、信長が本願寺に向けていた軍も敗走している［1］。

そのため四月十四日、信長は本願寺への本格的な攻撃を開始。派遣した武将は、昨年光秀同様姓と官職名の両方を授かった人物、原田直政を総大将に、光秀、細川藤孝、荒木村重と、ここに昨年軍門に下ったばかりの三好康長が加わった。

四月二十八日、信長が塩川国満と安東平右衛門という者に宛てた書状からは、信長が見張りの者に至るまで事細かな指示を出していたことがうかがえる。敵が攻めて来ればその都度迎撃すること。きちんと迎撃できない者は曲者と見なすこと。また、織田軍側から攻撃を仕掛けることを禁止し、良い攻め口があれば調査して出撃命令を出すので、勝手なことをしたり、油断して有能な者を失うことのないようにと注意を呼び掛けている［2］。光秀と細川藤孝は本願寺の東南に砦を築き、荒木村重は水路を封鎖、原田直政は天王寺に砦を築き、そこには光秀と佐久間信栄《のぶひで》（佐久間信盛の子）が入ることになった。翌日には信長も上洛しており、本願寺を攻撃するための準備を着々と進めていた様子がわかる［3］。

◆天王寺砦救出戦

五月三日早朝、原田直政と三好康長が三津寺を攻撃する。対する本願寺勢は数千挺の鉄砲で織田軍を攻撃し、これを敗走させた。その際、総大将の直政が戦死する［4］。

そしてそのままの勢いで進軍した本願寺勢は、次に光秀の守備していた天王寺砦を包囲した［5］。各地から集結した本願寺の軍勢は、一万五千に上っていたという［6］。

四日、信長のもとへ光秀からの救援要請が入ったようである。この知らせを受けた信長は、明衣（風呂上りに着る浴衣のようなもの）の格好のまま、わずか百騎程の軍勢で飛び出し、天王寺砦に急行すべく二条にある等持寺付近に陣取る。そこで「分国衆」つまり知行として国を貰っている武将達は残らず上洛し、京都に着き次第救援のため天王寺砦へ出征するよう命令を下した［7］。信長は次の日の夜明けを待つことなく、百騎の軍勢のみで天王寺砦に向かっている［8］。

五日、信長はそのままの軍勢で午刻（およそ一一時〜一三時）に石清水八幡宮を通過する。その頃、光秀と共に天王寺砦に残されていた佐久間信栄の父、佐久間信盛も現場に急行しており、巳刻（およそ九時〜一一時）には河内国若江城に着陣し、到着した信長と合流した［9］。

六日、信長は河内国若江城にて戦況についての情報を収集する。しかし信長の軍勢はほとんど集まらずにいた。

軍勢について整理すると、信長は百騎の軍勢を連れているが、これが一騎につき約十人の供を連れているとして、人数でいうと千人くらいであろう。翌七日になると、信長のもとには佐久間信盛を始めとして滝川一益・丹羽長秀・羽柴秀吉・蜂屋頼隆・松永久秀・細川藤孝・荒木村重・稲葉一鉄・氏家直通・安藤定治といった、越前国へ遠征中の柴田勝家以外の主立った織田家臣が結集したのであるが、しかし、軍勢はたった三千人程度しか集まらなかったという［10］。

しかしこの日、信長は集まった三千の兵で、砦を囲む本願寺勢一万五千に総攻撃を仕掛けることを決定する。

作戦は、まず三千の兵を三段に分け、一段目と二段目が敵中に入り込んで砦への道をこじ開け、三段目が死に物狂いで砦へ突撃するというものだった。信長は自ら三段目の突撃隊となることを選択している［11］。

巳刻（およそ九時〜一一時）、信長は足軽部隊と共に本願寺勢への突撃を開始した。本願寺勢には紀伊国の雑賀衆など、鉄砲隊が多く含まれていた。攻撃は陣頭指揮を取っている信長に集中したようで、信長は浅手を受けたうえ脚に銃撃を受ける。しかしひるむことなく天王寺砦に向かい、取り残されていた光秀の軍勢と合流。その後軍勢を二段に分けると、再び本願寺勢へ切り込んだ。挟み撃ちの状態になった本願寺勢は崩れ始め、本願寺まで撤退することとなる［12］。吉田兼見はこの勝利を、「公私大慶安堵了」つまり自分を含め、世間が心配していたことが事なきを得て、大層めでたいことだと表現している［13］。

十日に書かれた『多聞院日記』には、去る五月七日、大和国興福寺が巳刻（およそ九時〜一一時）酉刻（およそ一七時〜一九時）に鳴動し、幡雲本宮の上から二筋の光が大坂に向けて立ったとある。巳刻は織田軍が本願寺勢への突撃を開始した頃で、酉刻は本願寺勢が敗走した頃であると知った英俊は、これを「奇特」つまり不思議なしるし、神仏の霊験と表現している。「鳴動」がどのような現象なのかは未だ解明されていないが、この度の戦いに合わせるように怪奇現象が起こったというのだから面白い。

一万を超える大軍に、極めて少数の軍勢で挑んだ信長の戦は、桶狭間の戦いと今回の戦だけだ。そしてこの戦による信長の負傷記録は、戦場における信長の、唯一の負傷記録となる。

後世の人は、この壮絶な戦いを石山本願寺合戦、天王寺合戦、天王寺砦救出戦、天王寺砦の戦い、天王寺で戦があった、などと呼ぶ。織田軍が総力をあげて立ち向かい、信長自身が負傷するほどの戦いだったのに、これといった通称名すら付いていない。残念である。

◆病気

五月十三日、陣所見舞いに訪れた吉田兼見が光秀と細川藤孝らを訪ねる［14］。それから間もなく、光秀が摂津国陣中で病に倒れたという。正確な日付はわからないが、この日以降、光秀の動きがしばらくわからなくなる。

二十三日、体調がすぐれない光秀が摂津国から京都に帰陣する。吉田兼見は、この時初めて病のことを知ったようで、光秀が「医聖」とも呼ばれる名医、曲直瀬《まなせ》道三の治療を受けていたことを『兼見卿記』に記述している。

二十四日、光秀の女房衆が、光秀の病が治癒するよう吉田兼見に祈祷を頼んでいる。当時の風習として、加持祈祷は医療行為同様の病を治す手段であった。二十六日には信長の使者が光秀の病状を見舞った［15］。帰陣後の様態が気になったのだろう。

六月十二日、『言継卿記』には「光秀は死んだ」とある。誤報であるが、深刻な病状だったのだろう。その後七月〜十月あたりまで、光秀は長い闘病生活を送っていたようだ。光秀の病が何だったのかは、よくわかっていない。

七月一日、光秀が誠仁《さねひと》親王（正親町天皇の息子）へ金襴を献上するという動きがある［16］。十四日、光秀は京都から坂本に移っており、吉田兼見が見舞いに訪れている［17］。この頃になると、動けるようにはなっていたらしい。

十月十日、今度は光秀の女房衆の誰かが病に倒れており、光秀が吉田兼見に祈祷を頼んでいる。その甲斐あってか二十四日には回復したようで、光秀は兼見に御礼をしている[18]。この頃には光秀の病状は回復していたようだ。

十一月二日、女房衆が再び病で倒れたとあり、兼見が見舞いに訪れている[19]。しかし、兼見が訪ねているのに祈祷を頼んではいないため、症状は軽いものだったのではないかと推測できる。

◆女房とは誰か

さて、現在では、自分の妻をさして「女房」という時がある。ところが光秀のいた時代では、妻という意味で使われる場合と、女官を指して使われる場合があった。

光秀の妻は、妻木範熙（広忠という表記もある）の娘とされている。光秀の子供はいずれも妻木氏の子供で、光秀は側室を置かなかったといわれているが、その根拠はよくわからない。

さておき、本題はここからである。この年の十一月七日、妻木氏が亡くなったとされているのだ。妻木氏の墓が伝わる西教寺の記録「戒光山西教律寺記」（江戸時代中期一七四〇年に作成された史料）に、そのように書かれているからである。しかし、この記録は当時より約百六十年後に記されたものであることに加え、この記録以外に妻木氏が亡くなったことを裏付ける史料、動きがない。

また別方向からの推測で、光秀が倒れた時祈祷を頼み、その後倒れたという「女房衆」は妻木氏ではないかという話がある。しかし「女房」ではなく「女房衆」という不特定多数の人々を示す可能性のある表現から、それを「妻木氏」だと断定してしまってよいものだろうか。それに光秀が倒れた時祈祷を頼んだ女房衆と、その後倒れた女房衆が同じ女性かどうかも、実際のところ判別が付かない。

従って本書では、女房衆が妻木氏を指すと断定しないでおこうと考え、妻木氏がこの頃死んだと書くのを控えることにした。

注

［1］多聞院英俊著、辻善之助編『多聞院日記』（角川書店、一九六七年）
［2］奥野高廣『増訂織田信長文書の研究』（吉川弘文館、二〇〇七年）
［3］太田牛一著、桑田忠親校注『信長公記』（人物往来社、一九六五年）
［4］吉田兼見著、斎木一馬・染谷光広校訂『兼見卿記』（続群書類従完成会、一九七一年）
［5］同右
［6］太田牛一著、桑田忠親校注、前掲註［3］
［7］吉田兼見著、斎木一馬・染谷光広校訂、前掲註［4］
［8］山科言継著、国書刊行会編纂『言継卿記』（続群書類従完成会、一九九八年）

〔9〕多聞院英俊著、辻善之助編、前掲註〔1〕
〔10〕太田牛一著、桑田忠親校注、前掲註〔3〕
〔11〕同右
〔12〕同右
〔13〕吉田兼見著、斎木一馬・染谷光広校訂、前掲註〔4〕
〔14〕同右
〔15〕同右
〔16〕『御湯殿上日記』(東京大学史料編纂所編纂『大日本史料 第10編』東京大学史料編纂所データベース)
〔17〕吉田兼見著、斎木一馬・染谷光広校訂、前掲註〔4〕
〔18〕同右
〔19〕同右

第八節 ◆ 第二次丹波攻略

◈ 復活

天正五年（一五七七年）二月十三日、信長は本願寺と手を組んでいる雑賀衆を攻めるため、紀伊国に向けて出陣。軍勢は十万を超していたとある［1］。信長は途中で軍隊を二手に分け、羽柴秀吉・佐久間信盛・荒木村重らを山側から侵攻させ、信長自身は元気になった光秀と、滝川一益・細川藤孝・筒井順慶らと共に海側から攻め寄せた［2］。

三月十五日、雑賀衆の頭目の一人である鈴木重秀（雑賀孫一）他六名が降伏し、信長はその降伏を認めることで雑賀攻めは終わる［3］。

四月五日、光秀は歌を千句詠む連歌会を開き、「愛宕《あたご》山千句連歌」を愛宕神社に奉納した。愛宕山の山頂に位置する愛宕神社は、勝軍地蔵という名の地蔵があったため、多くの武将たちが参拝に訪れていた。光秀は雑賀攻めの「報賽」つまり雑賀での戦に勝ちたいという願いが叶った御礼に、歌を奉納したたのである。

その後光秀は雑賀の地で内政を行っていたようで、六月十二日に雑賀衆に向けて、信長に謁見するための上洛の指示と和泉国・河内国への出撃の催促、知行については「年寄（合議によって政治を補佐する最高位の家臣達のこと）」に相談することなどを通達している［4］。

◆手を砕く

八月十七日、松永久秀・久通父子が守備を任されていた天王寺砦から無断で抜け出し、大和国信貴山城に立て籠って、信長に対する二度目の裏切りを試みた。九月二十二日、それを知った信長は、松永氏の謀叛は言語道断のことであり、大和国の者達が味方するようなら同罪であると怒りをあらわにしている［5］。

二十九日、信長は信貴山城に向けて、嫡男信忠を大将として光秀・細川藤孝・筒井順慶らを送り出した［6］。

十月一日、光秀たちは多大な戦死者を出しながらも、信貴山城の属城である片岡城を攻め落とす。この片岡城における戦闘について『信長公記』には、「光秀は手を砕き、敵方の屈強の者二十人余りを討ち取った」とある。「手を砕く」というのは、光秀が己の拳《こぶし》を砕きながら討ち取ったという肉弾戦の様子を描写したものではなく、「知恵を絞って討ち取った」という意味である。

その後織田軍は信貴山城を取り囲み、松永久秀を孤立させる。

十日、松永久秀は信貴山城で自刃する。有名な話で、信長の欲しがっていた「平蜘蛛《ひらぐも》の茶釜」を抱えながら爆死したというものがあるが、『多聞院日記』に「翌日、松永親子の首が安土に届けられた」と記してあるので、普通に切腹したのであろう。

その後十月二十九日から、光秀は再び丹波攻略を開始し、丹波国の籾井城を攻撃する［7］。しかし、ここから先の光秀の行動を記す良質な史料が殆ど残っていない。そのため、断片的に光秀の行動を見ていくことにする。

◈茶会

天正六年（一五七八年）元旦、光秀は信貴山城での戦いの褒美として「八角釜」という茶器を与えられた［8］。

ここで、茶器を褒美として与える事例についてふれておきたい。

茶の湯を好んだ信長は、数々の名器と呼ばれる茶器を所有するようになった。そのため茶器の需要が高まり、茶器の価値も高まったのである。そこで、家臣に与える褒美としては土地（知行）が一般的であったところを、土地にも限りがあるため他のもので代用していく中で、信長所有の名器を褒美として与える風習ができあがっていったのである。

正月十一日、光秀は堺の商人である津田宗及を招き、坂本で茶会を開いている[9]。これは光秀の主催する、初めての茶会であった。この頃の茶会は、津田宗及や若狭屋宗啓（小袖屋）が亭主役であり、光秀は茶の湯に関してまだ不慣れだったように見受けられる。

この時の茶会で、光秀は早速、信長から頂いた八角釜を使っている。床には信長から頂いた椿絵が飾られ、茶壺の上に被せる龍の段子（絹製の紋織物）の覆いも、信長から頂いたものであった。この時振る舞われた本膳料理（会席料理）の献立にある、生鶴の汁に使われた鶴、これも信長が鷹狩りで取ってきた鶴だという（脚注1）。初めての茶会に際して光秀は、実は様々なものを信長から貰っていたようだ。

茶会の後、光秀は亭主を務めてくれた津田宗及に、信長へ年賀の挨拶へ赴く際の着物を与え、さらに御座船を用意して坂本から安土へ送り出している[10]。天正四年二月二十四日より、信長は建造中の安土城に移り住んでおり[11]、坂本城から安土城間は、水上交通を使った直通ルートができあがっていたのである。

◆築城と城攻め

二月頃、光秀は近江の高島郡に大溝城という城を築いている。城主は織田信澄。信澄は天正二年頃に光秀の娘を娶った人物である。

三月四日付で信長が細川藤孝に宛てた書状によると、近日中に丹波国へ出陣するので、大軍が通れるように氷上郡・多紀郡への道路を二十日までに整備するよう指示を出した[12]。しかしこの計画は途中で中止されたようで、信長が丹波国へ出陣した様子はない。十四日の『兼見卿記』に、前回の丹波攻略戦で明智軍に対抗していた荻野直正が病死したとあり、信長が出陣する必要がなくなったものと思われる。

この頃、光秀は京都に隣接する陸路の要所であった丹波国亀岡に、丹波攻めの拠点となり得る亀山城を築いたらしい。その築城は驚くべき速さであったようで、近くの寺社から利用できそうなものを何でも再利用したといわれている[13]。

四月十日、光秀は滝川一益、丹羽長秀と共に、丹波国にある荒木山城を攻め落とした[14]。ここまではおおむね、丹波国を攻略するための動きである。

織田信澄の居城だった大溝城址。

◆神吉攻め

四月二十九日、光秀は信長の息子たちと信澄、そして滝川一益らと共に、今度は播磨国に向かう[15]。出陣の目的は二つあったようだ。一つはこの月の中旬より毛利軍に囲まれた播磨国西部にある上月城を救援すること。もう一つは、播磨国三木城主別所長治を討伐することである。

上月城は播磨・美作・備前の境に位置しており、毛利軍から天正五年十二月三日に羽柴秀吉が奪い取り、山中幸盛を入れていた城である[16]。播磨国へ出陣した光秀は、まずは上月城を救援するため近くの三日月山に布陣する。

この頃、連歌師（歌の指導を行う人）里村紹巴《じょうは》に宛て、行軍中の光秀が書状を出している。前書で取り上げた、和歌や『源氏物語』の名所を見ながら行軍し、光秀自身も歌を詠ったというあの書状である[17]。軍事遠征中であろうとも、趣味の世界を楽しめている光秀には驚かされた。

六月二十五日に信長が同盟軍である徳川家康へ告げた書状には、播磨国方面の戦況について、二十一日に敵軍を撃破したことが報告されている[18]。このことから、二十一日には上月城救援に成功したことがうかがえる。

二十六日、光秀らは陣を引き揚げ、翌日には次の攻撃目標である別所長治の支城で、神吉頼定が守備する神吉城に向かっている[19]。

この別所長治という人物は、前回の丹波攻略戦で光秀を裏切った波多野秀治の妹を正室としている。

光秀が丹波攻略を和平交渉で何とかしようと動き回っていた天正三年十月、長治は秀治同様信長に帰順していたのだが、この年の二月、信長を裏切った。そこで信長は播磨国方面に羽柴秀吉を派遣し、三木城周辺の属城を落として長治を孤立させることにしたのである。

二十七日、光秀は信長の長男信忠と三男信孝らと合流して、三木城の支城、神吉《かんき》城を攻めている。『信長公記』によると、信忠、信雄、信孝、光秀、羽柴秀吉、滝川一益、丹羽長秀、荒木村重、細川藤孝、佐久間信盛、蜂屋頼隆ら、織田軍の主力にあたる武将達によって完全に包囲された神吉城であったが、城主の神吉頼定率いる城兵達の激しい抵抗により織田軍は多数の死傷者を出した。そのため織田軍は方針を切り替え、櫓や高台を築き、大鉄砲・大砲といった火器を大量に用いて砲撃を行うことで戦況を切り開くことになる。『多聞院日記』によれば、神吉城は七月二十日に陥落したようであるが、織田軍の主力相手にまったく引けを取らなかった神吉城の城兵と、大砲を櫓に上げて撃ち込むという戦略が見られるこの神吉攻めは、もっと注目されてもよい戦であるように思えてならない。

一方、光秀たちが神吉攻めを行っていた頃、先月二十一日に救援した上月城が再び

神吉頼定の墓。

毛利軍に包囲され、落城した。城を守っていた山中幸盛・尼子勝久は死亡。この時、羽柴秀吉は荒木村重と共に上月城近くの高倉山に布陣していたといわれているが[20]、何故落城を傍観していたのか、詳細は不明である。

◈荒木村重の離反

八月十一日、信長の命令で光秀の娘が、細川藤孝の長男忠興に嫁いだ[21]。この娘は後にキリスト教の洗礼を受け、ガラシャという洗礼名を授けられる人物である。

九月七日、光秀は坂本で連歌会を開く。

同月十一日、光秀は吉田兼見の茶碗を所望し、これを譲ってもらう。茶碗をもらった光秀は、その日の内に礼状と鮭を兼見に届けたという[22]。そして二十一日、津田宗及を招いて茶会を開いている[23]。兼見から譲ってもらった茶器を使ったのだろう。

十月二十一日、光秀の指揮下に置かれていた荒木村重が裏切ったとの情報が入る[24]。信長は真偽のほどを確かめるために、光秀の他、十月二十五日には堺代官の松井友閑と、信長の小姓である万見重元を派遣した[25]。

ところで、光秀の娘（長女と推察される人物）は天正二年に、これも信長の命によって荒木村重の長男村次と婚姻しており、光秀は荒木氏とも縁戚関係を結んでいた。しかし村重が謀叛を起こした際、娘は離縁されたようで、光秀のもとに返されている［26］。

この時、羽柴秀吉家臣の黒田孝高（官兵衛）が荒木村重のもとに説得に向かい、逆に村重に幽閉されたという話がある。有名な話ではあるが、『陰徳太平記』『黒田家譜』といった信憑性の低い史料でしか確認できず、信頼できる史料には記載がない。おそらくこれは虚構であろう。

九日に出陣した信長は、十四日には荒木村重のいる有岡城を攻め始める。同時に、信長の息子、信忠・信雄・信孝らを荒木家臣高山右近のいる摂津国高槻城に向かわせた。右近がキリシタンであるため、宣教師のオルガンチーノを派遣して勧誘を行った結果、十六日、右近は信長に帰順する意思を示した。

その一方、信長は光秀・滝川一益・丹羽長秀らを荒木家臣中川清秀のいる茨木城に向かわせて、二十四日には清秀の帰順にも成功している。信長は帰順した右近に金子二十枚、清秀に金子三十枚を、褒美として与えたという［27］。

十二月三日、有岡城の支城である大矢田城を落とした信長は、堀秀政に有岡城攻めを指示すると、十一日に佐久間信盛・筒井順慶と共に光秀を羽柴秀吉の援軍として播磨国へ向かわせ、道場河原と三本松という二つの拠点を奪わせる［28］。

その後、光秀は再び丹波国へ向かった［29］。

（脚注1）　当時の日本人は牛や馬などの肉ではなく、鶴や白鳥など様々な鳥肉を食べていた。

◆注

［1］吉田兼見著、斎木一馬・染谷光広校訂『兼見卿記』（続群書類従完成会、一九七一年）
［2］太田牛一著、桑田忠親校注『信長公記』（人物往来社、一九六五年）
［3］奥野高廣『増訂織田信長文書の研究』（吉川弘文館、二〇〇七年）
［4］同右
［5］同右
［6］太田牛一著、桑田忠親校注、前掲註［2］
［7］吉田兼見著、斎木一馬・染谷光広校訂、前掲註［1］
［8］永島福太郎編『天王寺屋会記』（淡交社、一九八九年）
［9］同右
［10］同右
［11］吉田兼見著、斎木一馬・染谷光広校訂 前掲註［1］
［12］熊本大学文学部附属永青文庫研究センター編『細川家文書』（吉川弘文館、二〇一〇年）
［13］亀岡市文化資料館『明智光秀と丹波・亀岡』（亀岡市文化資料館、一九九〇年）
［14］同右
［15］太田牛一著、桑田忠親校注、前掲註［2］

[16] 同右
[17] 藤田達生・福島克彦編『明智光秀』（八木書店、二〇一五年）
[18] 奥野高廣、前掲註［3］
[19] 太田牛一著、桑田忠親校注、前掲註［2］
[20] 同右
[21] 熊本大学文学部附属永青文庫研究センター編、前掲註［12］
[22] 吉田兼見著、斎木一馬・染谷光広校訂、前掲註［1］
[23] 永島福太郎編、前掲註［8］
[24] 太田牛一著、桑田忠親校注、前掲註［2］
[25] 永島福太郎編、前掲註［8］
[26] 立入宗継『立入左京亮入道隆佐記』（近藤瓶城『改定史籍集覧　第13冊　復刻版』臨川書店、一九九〇年）
[27] 太田牛一著、桑田忠親校注、前掲註［2］
[28] 同右
[29] 同右

第九節◆天正七年

◈慰安

天正七年（一五七九年）正月七日、続けて八日の朝と、光秀は坂本で茶会を開く［1］。八日の茶会は、丹波国八上城攻めを控えた光秀を慰安するためのものだったようだ。

この時の茶会で、光秀は八重桜の大壺を披露している。床の間には百人一首で有名な「淡路島かよふ千鳥の鳴くこゑに　幾夜ねざめぬ須磨の関守」の和歌を飾っていた。この歌は『源氏物語』須磨の巻を背景に詠まれたもので、『源氏物語』『平家物語』『更級日記』などの優れた写本を残した書家であり、百人一首の選者でもある藤原定家によって書かれたものであった。当時、定家の小倉色紙や歌書を所有することは大変なステイタスだったという［2］。

◆ 賞賛の数々

二月二十三日、光秀は丹波国へ向かうために京都を訪れたが、そこで吉田兼見の小姓で、与次という者が夜逃げしたことを知り、その捜索を頼まれている。

了承した光秀は、捜査にあたって吉田家から与次を知る人物一名の同行を要請し、随時吉田兼見に捜査報告を行っている。二十九日、光秀は兼見に雄琴荘代官の川野藤介という人物に宛てた手紙を渡し、それを兼見から送らせた。三月十五日、与次は藤介と光秀の家臣磯谷新介に連れられ兼見のもとに帰り、逃げたことを謝罪して落着する。丹波国に布陣しながら人探しをしてくれた光秀に、兼見は御礼の品を贈っている［3］。

六月六日、丹波国八上城の波多野秀治らがついに降伏し、光秀は秀治らを捕らえて坂本に送る。その後八日には秀治らは安土に送られていたようで、「逆徒」と呼び討伐することを公言していた信長は、波多野氏を許すことなく処刑している［4］。

二十日、大和国の筒井順慶が興福寺一乗院へ「かわらけの大きな馬」を贈っている。この馬は光秀が八上城を攻めた時に乗っていた馬だったようだ。河原毛色というのは薄い茶色で、見事な馬と『多聞院日記』に記されている。

七月十九日、光秀は宇津城を攻略した［5］。宇津城主は天皇の所有する土地（御料所）である丹波国山国荘を押領（横領）しており、光秀は宇津城を落とすことでこの領地を取り返している。これを受けて二十四日、光秀は正親町天皇から褒美の品、感状・馬・鎧・香袋を賜る名誉にあずかった［6］。八月九日、丹波国の荻野直正が守備していた黒井城を攻略し、守備に光秀家臣の斎藤利三を入れる。この利三という人物は光秀の妹の息子であるなどと言われているが、光秀に妹がいるのかどうかすらわかっていないので、この情報の信憑性は定かではない。

さて、黒井城攻略の際、光秀は鬼ヶ城や横山城といった支城をも一気に攻略している。この報告を受けた信長は、丹波国においての数々の武功は比類がないと誉め讃え、光秀に感状を与えた［7］。光秀は攻略した城の一つ横山城を、亀山城のような丹波国における拠点の一つと定め、新たに石垣や天主を建造すると、これを福智山（現在の表記は福知山）城と名付けた。この福智山城には、光秀の家臣三宅《みやけ》弥平次《やへいじ》を入れて守備させていたと考えられている。

さらに光秀は、加伊原城を建築している。これは現在の丹波市柏原町に建てられた城と考えられ、これも丹波国における拠点の一つである。十月十二日、吉田兼見が加伊原城建設中の光秀を訪問しており、光秀が城内を案内したと『兼見卿記』に記されている。ところが、加伊原城については現在の柏原に城が建てられていたことが伝わっていない。細見末雄氏の『丹波史を探る』に「柏原仮城」と「仮」を付けて表記されているのが確認できたぐらいだ。加伊原城を見たという『兼見卿記』の記述が日の目を見ることを期待したい。

十月二十四日、光秀は丹波国平定が完了したことを信長に報告した［8］。これを聞いた信長は、光秀を賞賛するために、わざわざ坂本まで出向いたという［9］。

光秀は丹波国以外の様々な地域を転戦しながら内政も行い、時には人探しや趣味にも時間を割きながら、丹波国平定の責務を全うしたのだ。信長はこの働きを「天下に面目を施した」つまり、天下に誇れる働きであったと賞している［10］。

◈二条御新造

この頃、京都の二条に新しく建てられた御所「二条御新造」を誠仁親王に献上する動きがある［11］。誠仁親王へ御所を献上するにあたって、信長は誠仁親王の息子五ノ宮（邦慶親王）を自分の猶子にすることを条件にしている。猶子とは、血縁関係を持たない人物を子供として扱うことであるが、その家の跡取りになることや、財産を相続する権利を持たないことが養子とは違う。

十一月二十二日、信長の条件を呑み、誠仁親王が二条御新造に移る［12］。これによって信長は、皇族と縁を結ぶことになったのである。

◆荒木一族の処刑

少し戻って九月二日、昨年の十二月三日から包囲していた有岡城の城主荒木村重が、妻子を残したまま城を抜け出し、尼崎の城に逃げている。信長は、尼崎と花隈の城を明け渡すなら有岡城の者達の命は保障するという条件を出した[13]。

十一月十九日、有岡城にいた家臣達は降参し、妻子を人質として信長のもとに送った。しかし荒木村重は尼崎の城に籠ったまま出てこなかった。そのため、信長は荒木一族を成敗することを決定する。

十二月十二日、有岡城で捕らえた荒木一族の妻子三十余人が京都に送られる。この時、荒木五郎右衛門という者が光秀のもとに現れ、京都に送られる妻の命乞いをしたという。有岡城を抜け出したことは本意ではなく、自分が身代わりになるから妻の命は助けてほしいと嘆願したが、光秀はこれを許さなかった。翌十三日、五郎右衛門は荒木家臣の一族として妻と共に処刑される。十六日には荒木一族が、京都にて引き回しの上処刑となる[14]。

◆後日談

翌年（一五八〇年）、福智山城を任されていた三宅弥平次は、光秀の娘と結婚し、明智秀満を名乗るようになる。『細川家記』にも、秀満の妻は細川忠興の妻（ガラシャ）の姉とあるので、この「光秀の娘」は荒木村重の息子村次に離縁されて戻っていた光秀の娘だと考えられる[15]。

そうすると、この時荒木一族とその関係者がことごとく処刑されたにもかかわらず、光秀の娘だけは無事であったばかりか、再婚まで許されたということになる。

光秀の親族に対する待遇は、これほどまでに手厚かったのだ。

◇注

[1] 永島福太郎編『天王寺屋会記』（淡交社、一九八九年）
[2] 徳川美術館『将軍からのおくりもの―儀礼と拝領―』（徳川美術館、二〇一四年）
[3] 吉田兼見著、斎木一馬・染谷光広校訂『兼見卿記』（続群書類従完成会、一九七一年）
[4] 同右
[5] 太田牛一著、桑田忠親校注『信長公記』（人物往来社、一九六五年）
[6]『御湯殿上日記』（東京大学史料編纂所　編纂『大日本史料 第10編』東京大学史料編纂所データベース）
[7] 太田牛一著、桑田忠親校注、前掲註[5]
[8] 同右
[9] 多聞院英俊著、辻善之助編『多聞院日記』（角川書店、一九六七年）
[10] 太田牛一著、桑田忠親校注、前掲註[5]

〔11〕太田牛一著、桑田忠親校注、前掲註〔5〕

〔12〕多聞院英俊著、辻善之助編、前掲註〔9〕

〔13〕太田牛一著、桑田忠親校注、前掲註〔5〕

〔14〕同右

〔15〕立入宗継『立入左京亮入道隆佐記』（近藤瓶城『改定史籍集覧　第13冊　復刻版』臨川書店、一九九〇年）

第十節◆天正八年

和議

天正八年（一五八〇年）正月九日の朝、京都の光秀屋敷で茶会が行われた。床の間には紅梅の枝を一枝生けており、八角釜を懸けて、高麗茶碗で濃茶を点てている。そして昨年と同様に信長から頂いた鶴の吸物と、酒が振る舞われた。昼は光秀屋敷の御成りの間にて本膳料理が振る舞われている［1］。

本膳料理というのは天正六年正月十一日に行われた茶会にも記されてある。室町時代を起源にした正式な日本料理であり、儀式的な意味合いが強い。食べるというより、見ることに重点が置かれ、献立、食べる順番、食べ方、服装に至るまで厳しい作法が定められていた。この時の本膳には全て金箔が押してあったと記されており、美しく豪華な料理であったことがうかがえる［2］。

二月十三日、光秀は丹波国福智山にある天寧寺の旧規を認め、軍隊の駐屯を禁止し、寺領を安堵している［3］。

閏三月十三日、光秀は坂本城の普請を行った。その後二十八日には吉田兼見が坂本城を訪問しており、光秀と夕食を共にしている。城を攻められるような出来事は今まで起きていないので、普請内容は城の修繕か増築を行ったものと推察されるが、『兼見卿記』には普請に対して目を驚かしたと書かれてある。何か驚きを伴う内容であったらしい。兼見と対面した光秀の機嫌はとても良かったという。

七月二十四日、信長の使者に命じられた近衛前久の働きが功を奏し、本願寺との和議が成立する。八月二十日までに門主の教如が本願寺から立ち退くことが決定され、これによって本願寺との戦闘は終了する［4］。

和議を成立させた近衛前久という人物は、朝廷に仕え、官職の最高位の一つである関白や、太政大臣に任ぜられた経歴を持っている。そのうえ本願寺顕如の息子教如を猶子としていたので調停役を任されたのだろう。

ところで、近衛前久は京都に屋敷を持つが、この屋敷は元々羽柴秀吉が住むために建設したものであった。ところが、天正六年五月二十七日に信長によって没収され、前久へと贈られている［5］。なぜそうなったかはわからない。場所は誠仁親王の住む二条御所の、真正面であった。

二月二十八日、多聞院英俊が「信長の命令で光秀が使者を大和国に派遣する夢」を見たという［6］。完全に余談であった。

◆再び賞賛

八月十二日、信長は佐久間信盛・信栄親子に対して「十九条の折檻状」を突きつけた。信長から「頭を丸めて高野山へ行け」と言われた佐久間親子は高野山へと追放される［7］。

折檻状の内容は、「信盛らは五年も続いた本願寺攻めにおいて、たいした働きをしていない。作戦が思い付かないなら信長に相談するという手もあったのに、それすらもしようとしなかった」と、佐久間親子の勤務態度の消極性を指摘する一方、「光秀は丹波国を攻略し、天下に対して面目が立った。柴田勝家は光秀の働きに見習い、越前国を所有しながらも天下に対して申し訳がないと感じ取り、加賀国平定を宣言した」と、模範となる家臣の、積極的な働きぶりを誉めたたえた箇所がある。多くの歴史家が指摘しているのに我々も便乗して指摘するが、賞賛された家臣の中でも光秀の名が最初に挙げられていることから、最も働きが良いのは光秀であると信長が認識していることがわかる。

佐久間信盛の追放に伴い、信盛が従えていた池田恒興《つねおき》率いる摂津衆らは光秀の配下になったようで、これによって光秀が近畿一体の軍勢を全て支配する立場になったと推測されている［8］。しかし、光秀の直接支配が確認できる軍勢は、近江国志賀郡、丹波国、山城国、大和国のみであることから［9］、光秀が近畿一帯の軍勢を支配するといっても、それは各部将が受け持った統括地域の上級支配権を担っていると捉えた方がよさそうだ。

◆三十八日間の地獄

同月十七日、信長の命令により、大和国の城は郡山城を除いた全ての城が破壊されることになった[10]。特定の城以外を破壊するこの政策は「破城」といわれており、大和国から信長に対抗できる力を持った反乱因子を生み出さないようにする意図がある。

十八日、光秀は破城を執り行うため大和国へ、筒井順慶と共に到来する。筒井氏の拠点で筒井城がある筒井郷では、筒井城も破壊されるということを聞いた村中の者達が、物を隠すことで密かに大騒動になっていた。『多聞院日記』を見ていると、大和国の人々は信長の手の者が来るとなると物を隠すなど、密かな混乱が度々生じている。

九月二十五日、光秀は、今度は滝川一益と共に再び大和国興福寺に到来している。今回二人が大和国を訪れたのは、大和国家臣の知行や寺領についての調査をするためであった[11]。

調査の流れは次の通りだ。まず、大和国の各土地の知行関係に詳しい者が集められ、光秀と滝川一益による報告書の書式等に関する説明を受ける。そして指示された書式に沿って報告書を記述、提出。受け取った光秀と一益が、報告に嘘偽りがないかを確認するというものだった。

『多聞院日記』の著者、多聞院英俊は、光秀と滝川一益の報告書作成の指令に取り乱しながら、何度も手直しして報告書を作り上げている。その甲斐あって、十月二十三日には興福寺の寺領について相違がないことを光秀が認め、興福寺の領地は保証された。光秀と一益は十一月二日に興福寺を出ていき、信長に興福寺の寺領に問題がないことを伝えると、信長は七日付で寺領安堵の朱印状を発行。英俊は八日にその書状を受け取っている。

この間の『多聞院日記』には、多聞院英俊のみならず、ほとんどの大和国の領主達が報告書の作成に相当苦労したということが記されていた。光秀と滝川一益が帰った日の日記には、「この二人が滞在していた三十八日間、地獄の苦しみと同じ苦痛を味わった」とまで書かれている。正直に己の領地の報告をすることが、地獄を見るほど苦痛なことであったというのは御大層だが、二人の滞在日数まで数えているあたり、苦痛の程は生々しく伝わってくる。

領地を調査するこの政策は「指出」と呼ばれている。指出には大和国の完全な把握だけでなく、課税や軍役を的確に賦課する意図もあった[12]。「指出」自体は今川義元が行うなど前例があるが、記載形式に至るまで指示を出す徹底した指出が行われたのは、今回がはじめてだったという。

◆ 袋を納める

指出と並行して、十月六日、十八日に、光秀は宇津城周辺の土地（山国荘）から徴収した袋を皇居に納めている[13]。

この場合、袋とは供御料《くごりょう》のことである。昨年光秀が攻略した宇津城は、元々は天皇の御料所であり、これを取り戻した光秀は正親町天皇から褒美をいただいていた。押領（横領）により長らく滞っていた供御料が、光秀によって久しぶりに納められたのだ。

袋は皆に配られ女中や奉公人など末の者にまで行き渡ったと、天皇の動向や行事を書き継いだ女官の日記、『御湯殿上日記』に記してある。

◆大和国を治める

大和国の調査がすべて終わった十一月七日、信長は筒井順慶を大和国で唯一残された城、郡山城に配置した[14]。順慶が大和国を治め、その順慶を光秀が指揮することで信長の支配下に置いたのである。

十二月二十日の朝、光秀は京都の光秀屋敷に筒井順慶と津田宗及を招いて茶会を開く。順慶の大和国所領を祝ったのであろう。

屋敷の床の間に活けられていた水仙の花が、炭手前（釜の湯を沸かすための炭を準備すること）が終わり、ひとまず退席して手水（手を洗い、口を清めること）を使った後再び席に着いた時には大燈国師の墨蹟《ぼくせき》に変わっているという演出があった（脚注1）。この時の茶会で、光秀は落葉の大壺の「口切り」をしている。口切りというのは新茶の壺の封を切って行う茶会のことである。

晩になると、今度は光秀家臣斎藤利三の屋敷に場所を移し、夜通しで茶会を続けた。さらに翌日の二十一日の朝、またしても京都の光秀屋敷にて茶会を開いたとある［15］。

（脚注1）　日本では、位の高い禅僧の書いたものを、墨蹟と呼んでいる。
大燈国師は宗峰妙超という禅僧で、京都の大徳寺の創始者である。

◇注

［1］永島福太郎編『天王寺屋会記』（淡交社、一九八九年）
［2］同右
［3］谷口克広著、高木昭作監修『織田信長家臣人名辞典』（吉川弘文館、一九九五年）
［4］武田鏡村『織田信長石山本願寺合戦全史』（KKベストセラーズ、二〇〇三年）
［5］吉田兼見著、斎木一馬・染谷光広校訂『兼見卿記』（続群書類従完成会、一九七一年）
［6］多聞院英俊著、辻善之助編『多聞院日記』（角川書店、一九六七年）
［7］太田牛一著、桑田忠親校注『信長公記』（人物往来社、一九六五年）
［8］高柳光寿『明智光秀』（吉川弘文館、二〇〇五年）
［9］谷口克広著、高木昭作監修、前掲註［3］
［10］多聞院英俊著、辻善之助編、前掲註［6］
［11］同右

〔12〕松尾良隆「天正八年の大和指出と一国破城について」（大阪歴史学会編『ヒストリア』99号、一九八三年）
〔13〕『御湯殿上日記』（東京大学史料編纂所編纂『大日本史料 第10編』東京大学史料編纂所データベース）
〔14〕多聞院英俊著、辻善之助編、前掲註〔6〕
〔15〕永島福太郎編 前掲註〔1〕

第十一節 ◆ 天正九年

◈ 左義長

正月六日、光秀は坂本で吉田兼見らと連歌会を行った〔1〕。

十日の朝、津田宗及と堺の商人で茶人の山上宗二を招待し、京都の光秀屋敷でまたしても茶会を行う。翌日は坂本城へ場所を変え、宗及、宗二らと再び茶会を行う〔2〕。

昨年の年末から茶会三昧の光秀であった。が、ここにきてこれらの行事に疲れが出たようで、十三日に吉田兼見が坂本を訪れた時、細川藤孝の使者から光秀が所労であると聞き、面会できずにいる〔3〕。

それでも、光秀はやることが多かった。十五日、安土で左義長《さぎちょう》が行われる予定になっており、光秀はこの左義長の指揮を任されていたのである。

左義長とは正月十五日頃に行われる行事だ。竹を組み門松や注連縄、書き初めなどと共に焼く火祭りで、本来は悪霊を退散させるための行事であったらしい。

十五日、この時行われた左義長で、光秀は信長や家臣達に思い思いの煌びやかな扮装をさせ、爆竹の破壊音を合図に馬を駆けさせるという催しを行った。焼けた竹が爆ぜるため、左義長は爆竹と呼ばれることもある。大きな音がするので、見物人はかなりの数に上り、貴賤の区別なく皆耳目を驚かせていたという［4］。

この左義長は大変好評であった。何より、信長が気に入ったようである。信長は光秀に対し、「爆竹」「諸道具」の製作の出来栄えがとても良かったと賞賛し、さらに、今度は京都で本格的に馬に乗って遊ぶ催しを行うことにするので、その時も光秀が指揮をするようにと命令を下した。これが、後に織田軍の軍事パレードとして世間に広く知れ渡る「馬揃《うまぞろ》え」となる。

ところでこの「馬揃え」であるが、これも元々は光秀の提案した行事だったようだ。二十三日の『立入左京亮入道隆佐記』に、光秀の便りを見た信長が、その内容がとても細かく丁寧で骨身を惜しまない積極的な働きかけだったため、それならばと催しを承諾したことが記されている。この頃、正親町天皇が信長に、安土だけではなく京都でも催しをしてほしいと持ちかけてもいた。左義長の話を聞きつけた正親町天皇が光秀に要望を伝え、要望を受けた光秀が、馬揃えについてかなり具体的な創案を企画し、信長に提示していたのだ。

◈ 馬揃え準備

馬揃えを行うことを決定した信長は、各国の家臣に参加を呼びかけている［5］。まとめると次の通り。ここから、当時の織田軍の編成を知ることもできる［6］。

摂津国…高山右近・中川清秀親子・池田元助・池田輝政は参加すること。池田恒興は摂津国の伊丹城の留守を担当させることを通達（光秀が通達）。

摂津国多田…塩川勘十郎・橘大夫へ参加を通達（光秀が通達）。

河内国…三好康長・多羅尾光俊・光太・光雅・池田教正・野間長前は阿波国に出陣するので参加用意は除外する。ただし希望者がいるならば「覚悟次第」参加するべきことを通達（光秀が通達）。

和泉国…寺田又右衛門尉・松浦安大夫・沼間清成およびその孫、その他「直参の者共」・根来衆・「扶持人共」は参加用意すべきこと（光秀が通達）。

大坂を守備している丹羽長秀・蜂屋頼隆に参加用意を通達（光秀が通達）。

若狭国…武田元明・内藤某・熊谷某・逸見某・山県下野は参加すべきこと（丹羽長秀が通達）。

細川藤孝・忠興・興元は、藤孝の丹後国守護があるので、都合がつくなら忠興・興元兄弟と一色満信が参加すべきことを通達（光秀が通達）。

全国に知れ渡るよう、馬の数は多く用意し、参加希望者が他にいるなら、その者達は光秀の年寄衆の後ろに参列するように、とのことだった。

二月十九日、馬揃えのため信長の息子たち信忠・信雄・信孝らが上洛。翌日信長も上洛した。この頃、柴田勝家も馬揃えに参加するため上洛している。二十二日には大和国の国衆が上洛し、それを見た多聞院英俊が、織田軍の国衆がどんどん京都に集まり、凄いことになっているという折を『多聞院日記』に記している。しかし特に混乱はなかったようで、上洛してくる家臣達の手配に手抜かりはなかったらしい。

二十一日、村井貞勝が馬揃えで馬を集める馬場の整地を行い、翌日終了する。馬場の広さは南北へ四町（約四五〇メートル）、東西へ一町（約一一〇メートル）余であった［7］。

二十三日、光秀が細川藤孝、松井有閑と従者二百余名を引き連れて馬場を訪れる［8］。馬揃え本番に向けての予行演習であろう。乗馬を終えた後、光秀らは吉田兼見に夕食を接待してもらい京都へ帰った。

◆馬揃え本番

二十八日、馬揃えが実行される。

正親町天皇をはじめ、公家衆は一人残らず参加、もしくは見物しており、広場北側に公家衆のための見物席が、南側には女中たちのための見物席が設けてあった［9］。また、宣教師たちのために、高台に座敷が作られていた。各地から見物に来た者達は、十三万から二十万人にも及んだという［10］。

それでは馬揃えをみていこう。

馬揃えは入場行進から始まる。最初に入場したのは近江国佐和山城主丹羽長秀で、摂津衆・若狭衆・河島衆を引き連れていた。二番目に和泉国岸和田城主蜂屋頼隆、河内衆・和泉衆・根来衆を引き連れていた。三番目が光秀で、大和衆・上山城衆を引き連れていた。四番目は村井貞勝の長男貞成で、根来・上山城衆を引き連れていた。五番目は織田信忠・信雄・信孝・信澄ら織田一族が入場する。長男信忠は八十騎の供廻りと共に、美濃衆と尾張衆を引き連れており、次男信雄は三十騎の供廻りを従え、滝川一益を含めた伊勢衆を引き連れている。他の者達は十騎の供廻りを引き連れて入場する。六番目に馬廻り小姓衆。七番目に柴田勝家の率いる越前衆が入場する。そして最後に信長が入場する［11］。

信長は、宣教師から贈られた濃紅色のビロードの椅子を持ち上げた四人の男に前を歩かせ、この椅子を置くと座って見せたという。参加者は皆豪華な出立ちをしており、彼らの身につけている大量の金と絹が織りなす豪華絢爛な光景は、生涯かつて見たことがないものだと宣教師の記録にある［12］。

『兼見卿記』には、筆舌に尽くし難い程の華やかさで希代の事とあり、『多聞院日記』には、見事さ前代未聞、未来でもこれ程までの催しはできないだろうとある。『立入左京亮入道隆佐記』には、筆にも言葉にも尽くし難く、正親町天皇が驚かれていたと記している。正親町天皇はこの催しが終わった直後に、もう一度京都で馬揃えを行うよう信長に要請している［13］。

三月五日、要請に応え、信長は再び馬揃えを行った。しかし今回は詳細な資料に乏しく、参加者や、催しの内容等定かではない。わかっているのは、前回の馬揃えでも登場した名馬五百騎余が集まっていたことと、信長の衣装が漆黒であったということだ［14］。

◆丹後国見物

四月九日、光秀は細川藤孝から連歌会の誘いを受けたため、丹波国亀山城より藤孝の所領である丹後国へと赴いた。谷口克広氏『織田信長家臣人名辞典』によると、丹後国にある宮津城の修理が四月にはほぼ完了したとあり、新しい居城のお披露目を兼ねていたのではないかと考えられている。参加者は津田宗及と連歌師の里村紹巴、そして光秀の長男十五郎（明智光慶《みつよし》）であった［15］。

十日、丹後国へ向かう光秀一行は、福智山で明智秀満（三宅弥平次）の饗応を受ける。そして十一日、秀満も連れて福智山を出発する。十二日、丹後国に到着した光秀らは、細川藤孝から茶の振る舞

天橋立。

いを受けた後、天橋立を見物し、飾り舟を浮かべて対岸の九世戸（現在の京都府宮津市）を観光。橋立文殊でお茶の振る舞いを受けた。そしてその夜『源氏物語』若紫の巻の購読を聞き、連歌を詠んでいる。

十五日、旅行から帰ってきた光秀は津田宗及と共に、堅田にある光秀家臣猪飼秀貞の屋敷を訪れ、茶会を行った[16]。

十七日、光秀は宇津城で井戸を掘っている。その際、山という名前の河原者を派遣するよう吉田兼見に要請している[17]。河原者とは、税金を納めなくてよい河原周辺に住んでいた者たちのことで、屠畜や皮革の加工の他、井戸掘りや歌舞伎、造園などの技能を持つ者もいたという。山と呼ばれる人物は、掘削技術を持つ山師を指しているのだろう。

◈ 明智光秀家中軍法

六月二日、光秀は明智家中に対して全十八カ条の軍法「明智光秀家中軍法」を定める。その内容は非常に細かく、厳格であった。

一、陣中において参謀や隊長、伝令等命令を伝える者たち以外は大声を出したり、雑談をしてはいけない。

一、先鋒や協力部隊が行動を決定する場合、必ず本隊の到着を待ち司令官の命令を受けること。もし先鋒だけで行動する必要がある場合は、あらかじめ命令を出しておく。

一、各部隊は自分の兵士をしっかりとまとめ、他の部隊と連絡を取り合い、はぐれることのないように。

一、進軍にあたって、将校は兵士達より遅れて、後ろに離れてしまってはならない。そのようなことがあった場合はその将校の領地は没収し、場合によっては死罪とする。

一、戦闘中は命令に従うこと。命令を受けたら返答すること。これらのことを守れなければ、いくら戦功があっても処罰する。

一、抜け駆けを禁止する。

一、陣夫（戦場に兵糧や武具を運ぶ人夫）に与える報酬について、京都で支度した器具の運搬については一人三斗、遠方の器具の場合は物価が安いので二斗五升とする。またそれとは別に、人夫に与える食糧は一日当たり八合とし、各領主から支給すること。

この後はそれぞれの所領によって、戦において用意すべき物を記している。

一、軍役は百石につき六人とし、その比率で召集すること。

一、百石から百五十石の旗本は、兜を被った者一人・馬一頭・旗指物一本・槍一本を用意すること。

一、百五十石から二百石の旗本は、兜を被った者一人・馬一頭・旗指物一本・槍二本を用意すること。

このように、最初は五十石ずつ区切って定められており、必要な物が少しずつ増えていく。二百石より先は百石ずつ区切って定められている。最終項は左記となる。

一、千石の旗本は、兜を被った者五人・馬五頭・旗指物十本・槍十本・のぼり二本・鉄砲五丁とし、乗馬している者は二人分として考える。

軍法の最後には、家臣たちへの鼓舞と、軍法を定めるに至った経緯が書かれてある。

要約すると「軍法の定めた通り、実戦経験者はなお精進を怠らず、未熟な者はよく理解してほしい。光秀は瓦礫《がれき》のように価値なく落ちぶれていた身の上であったのを信長に取り立ててもらい、このように莫大な軍勢を預けられるに至った。軍の決まり事も守れず、武勇も功績も挙げない者は、国家の穀つぶしであり、それは信長のものをかすめ取っていることと同じである。精進している者からは嘲笑の対象にもされるだろう。奮起して抜群の功績を挙げた者は、必ず信長に報告し取り立てることを約束する。この軍法をよく守るように」という内容である。

この時代軍法を定めた者はそう珍しくない。しかし、ここまで整ったものを作りあげたのは光秀がはじめてだということで、この軍法は現代でも高く評価されている。

◈安土城ライトアップ

七月十五日の夜、安土でまた新しい催しがあった。

安土城の天主及び安土城内にある摠見寺《そうけん》に数多くの提灯を掲げ、安土城を照らし出したのである。信長は琵琶湖に舟を浮かべ、これを見物した[18]。

この日は旧暦の盆にあたり、盆の夜は祖先の霊を祭るため各家の戸口や窓に多くの火を灯し提灯を上げるのが習慣であった。

この年は催しのため各自の屋敷で火を焚くのを禁じ、松明を持った城下町の民衆を安土城へと続く大通りに沿って並ばせ、琵琶湖には安土へ続くように松明を持たせた舟が配置された。松明に灯がともると、安土に集まる光と、城内に掲げられた無数の光が安土城を照らし、まるで空が燃えているようだったという[19]。この催しについて、誰がどのように執り行ったかを詳しく記載した資料はないが、京都や安土で行われる催しを指揮しているのが全て光秀であったことから、これも光秀が指揮した可能性は高い。

八月一日、信長は安土においてまたしても馬揃えを催している［20］。正月十五日の左義長を含めると、四度目の馬揃えになる。この日は八朔《はっさく》の日で（朔とは陰暦の一日のこと、つまり八回目の一日）、農家では収穫した作物を神に供える祭りがあった。これが公家や武家にも広まり、主人や知人に贈り物を届けるという、現在の中元のもとになっている。この八朔の日に行われた今回の馬揃えは、京都の馬揃えが大好評だったことを受けて安土でもという声に答えたものだったようだ。『信長公記』には、信長や参加している公家衆の衣装について書かれており、今回の信長の装束は白かった。この時も多くの見物客がいたようである。

◆ 一段ノキヨシ也

馬揃え後の八月七日、大和国が近日中に光秀が到来するという知らせで大騒ぎをしている［21］。しかし光秀はすぐには来なかった。理由はしばらく後に伝わったようで、二十一日の『多聞院日記』に、七日か八日、光秀の妹「御ツマキ」が死去したため光秀はとても落胆しており、信長は「一段ノキヨシ也」という情報が記されている。現在、この箇所は暗号のような記述のまま、きちんと解釈されていない。

妹というのは、特に親しい女性、妻、恋人または姉妹を呼ぶ時に使われる言葉である。現代では妹といえば姉妹になるが、当時はそうではない場合が多い。例えば「朝倉妹之寺」は朝倉氏景の妻が建てた「南陽寺」を指す。「妹」と表記して「妻」を指しているのである。光秀の妻は妻木氏であるから、光秀の妹ツマキというのは光秀の妻妻木氏のことを指しているのではないかと、我々は考えている。

ところが、かつて天正四年十一月七日に妻木氏が亡くなったという伝承があるために「光秀妹ツマキ」を妻木と読まず、光秀の妹と解釈したり、妻木氏が亡くなった後に新しく妻を迎えており、その妻が亡くなったと推測したりされている。これらの場合、死亡するこの日はじめて記録に登場した、光秀の妹もしくは新しい妻が、妻木氏と同じツマキという名前だったことになるわけだ。このような偶然を考慮しなければならないほど、天正四年死亡説は確かな伝承なのだろうか。

そもそも、死去の年月日を確かめるのは難しい。何の裏付けもなく作られたものも多いという[22]。墓石に刻まれた没年が違うこともある[23]。あるとすれば絶対に一つでないとおかしい光秀の首塚一つ例に挙げても、代表的なものが少なくとも三つはある世の中だ。石碑や伝承は、絶対的なものとは限らないのである。

また、『兼見卿記』に、光秀の姉（吉田兼見から見て年長の婦人）、もしくは妹（光秀の妻）として「妻木」という人物が幾度か登場している。「妻木」は天正八年まで記述が見られ、死亡したとされている天正四年十一月七日以降でも生存が確認できる。

さらに、この年（天正九年）の秋分の日（八月二十三日頃）、大津市にある聖衆来迎寺に妻木氏の戒名が書かれた仏画が寄贈されていたことがわかった。二〇二〇年八月、大津市歴史博物館によって公表された新史料である。そうすると「光秀妹御ツマキ」が死去し光秀が落胆した時期と、妻木氏の戒名が書かれた仏画が寄贈された時期は正しく合致する。

以上のことから、この時死亡した光秀妹御ツマキは、やはり光秀の妻、妻木氏だと思うのである。

妻木氏の訃報を受けた光秀は大和国での仕事を筒井順慶に任せたようで、代わりに順慶が興福寺に到来している。

次に妻木氏の死去に続いて記されている「信長一段ノキヨシ也」についてみていきたい。直訳すると「格別に清らかである」となり、脈絡がない。「キヨシ」は一般に「美しい」という意味で使われる「清し」であるが、「清し」の美しさには「汚れや穢《けが》れが無い状態」という意味がある。妻木氏の訃報を受けて信長が格別に清らかにすべきことといえば、死の穢れを払うため喪に服す、また喪に服させるということではなかろうか。

古代からの思想によると、死者に関わると穢れるとされており、死者を埋葬できるのはその者の親族に限られていた。例え隣人であったとしても葬送に関わることはできなかったのである［24］。そして死者の出た親族も共に穢れの対象となり、フロイスの『日本史』によれば、死後三、四十日間は周囲に穢れを移さぬよう内裏や上位の者と会わないように心掛け、喪に服した後出掛ける際は身体を洗い清め、衣服を着替えたそうである。光秀の場合であれば、朝廷や信長のもとを訪れてはいけないことに加え、死穢《しえ》を清める意味で出掛ける際は穢れを払っておく必要があったはずだ。

実際の動きを見ても、光秀は政務を筒井順慶に任せ大和国に行く予定を延期している。信長の許可を得たか、信長に命じられて、喪に服していたことがうかがわれるのである。

十四日、光秀は津田宗及を周山城に招き、翌日十五夜の月見をしている〔25〕。月見をした周山城という城は、光秀が丹波攻めで宇津城を落とした頃に築いたとされる城である。本来は縄野という地名だったらしいが、光秀が周山と改名し、築いた城を周山城と呼んだらしい〔26〕。

この周山という名前の由来について、古代中国の殷王朝を滅ぼした周の武王になぞらえて付けられたのではないかなどといわれているが、確かな史料はない。信原克哉氏『明智光秀と旅』では、以前から周山という地名だったと指摘されている。ともあれ、山中にある周山城は、静かに中秋の名月を愛でるには絶好の場所といえそうだ。

十九日、『多聞院日記』の記述によると、傷心な様子の光秀が百名ばかりの部下を同行させ、大和国郡山城の普請に対する見舞いとして大和国に到来し、興福寺を訪れている。郡山城は昨年筒井順慶に与えられた城で、これも光秀が設計したものといわれている。

二十日、光秀は興福寺から「摩尼《まに》」をもらう。摩尼とは願うところを叶えることができる龍神の珠「如意宝珠」のことである。

二十一日、光秀は郡山城より京都へ帰還〔27〕。この頃、多聞院英俊は「御ツマキ」のことで光秀が落胆していたことを知ったのであった。

◆天下太平の時節

この頃の情勢について、五摂家（代々摂政・関白・大政大臣に就任してきた家系のこと）の一つである九条家の所蔵していた文書、『九条家文書』に興味深い記述がある。「京都市東山区にある東福寺の伽《が》藍《らん》諸堂が大破していたが、天下太平の世の中であるため、そろそろ修理したい。その費用を勧進してほしい」という内容である。この記述から、首都京都において乱世は終結したと認識されていることが読み取れる。京都とその周辺の地域が良く統治されていたことの現れであろう。

実際に、京都の治安は非常に良かった。信長は京都で善政をしいたのである。

例えば、信長は道路整備に力を入れていた。ルイス・フロイスの『日本史』によると、安土から京都へ続く道を五、六畳程の幅に広げ、平坦で真っ直ぐな道にした。そこへ一定間隔で松と柳を植え、日差しの強い夏場でも木陰で休めるようにし、旅人達のために食事ができる店を設置している。治安が良かったため、旅人達が道端で寝ていても荷物を盗む者はいなかったという。

他にも、琵琶湖が狭まって急流になっていたため今まで通れなかった瀬田という場所に、立派な橋「瀬田大橋」を架けている。その橋の幅は畳四畳分、長さは畳百八十畳分であり、橋の中央には快適な休憩場が設置されていたという。この休憩所では、身分の高い人も低い人も区別なく、乗物から降りることになっていたが、女性は乗物に乗ったままで良いことになっていた。この時代、女性も安心して旅ができたという。

◆救援

八月十三日、信長は羽柴秀吉が攻めている鳥取城に毛利軍が向かっているとの情報を受けて、光秀、細川藤孝と、池田恒興の率いる高山右近、中川清秀といった摂津衆を援軍に向かわせ、信長自らも馬廻り衆と共に出陣し、毛利軍と一戦交える意気込みであった。光秀と藤孝はその日のうちに船に兵糧を積んで救援に出発し、翌日には信長秘蔵の馬三頭を連れて右近が使者として向かったとある。しかしながら結局、信長と恒興の出番はないまま作戦は終了する[28]。

二十三日付で信長が細川藤孝に宛てた書状によると、丹波国方面へ敵が侵攻してくる場合の対策について了承したこと。また因幡国方面の諸城へ兵粮を搬入すると共に、敵船を撃退させることを告げている[29]。対策を了承した、とあることから、京都へ帰還した光秀が、丹波国方面の対策等をすでに信長に提案していたらしいことがわかる。

九月四日付で信長が細川藤孝に宛てた書状によると、丹後国の一色義有とその家臣矢野藤一に対する知行を光秀に預けたので、義有と藤一の取り分から検地した結果余った分を藤孝が受け取ることを通達している[30]。この内容に関係していると思われるが、五日に京都の吉田兼見と会った時の藤孝は、ことさら機嫌が良かったという[31]。

十六日付で信長が細川藤孝に宛てた書状によると、伯耆国方面への軍事行動で伯耆国泊城へ進撃、放火し、更に毛利水軍の敵船六十五艘を沈めた戦功と、因幡国大崎城を攻略したことを賞している[32]。

どうやら、八月二十三日付で信長が藤孝に命じた通りの働きをしたらしい。

十月二十六日、織田側についていた伯耆国羽衣石城の城主南条元続が毛利軍によって包囲されたため、羽柴秀吉が救援に向かう。救援後、秀吉は現地に一週間程留まり、兵糧や弾薬を羽衣石城及びその周辺の城に補給している〔33〕。この頃、光秀や細川藤孝らが鳥取城攻めの応援を行っていることから、秀吉のいる現場に兵糧や弾薬を運んだのは光秀や藤孝らである可能性が高い。

◈定家中法度

十二月四日、光秀は明智家中において「定家中法度」という五箇条の条書を定めた。これは六月二日に定めた「明智光秀家中軍法」への追加項目といえる。

一、信長の家老衆・馬廻衆に道の途中で挨拶する場合は、見かけてから道の一方に寄って、慇懃に畏まって通すこと。
一、坂本と丹波を往復する場合は決まった道を通ること。
一、京都に用事がある場合は従者を向かわせること。また洛中においてのその者の乗馬を禁ずること。

一、洛中・洛外を問わず、遊興・見物は禁止すること。
一、道で他家の者と口論をしてはいけない。そのようなことがあった場合は理由はどうあれ成敗する。

この条文の最後にも、規律を定めた理由が書いてある。「信長の御座所（居室・居場所）は光秀の近辺にあるので、何時も万が一の事態に備えておかなければならない。念には念を入れてこれ以上ないという程に想定したが、悪いことが起きてからでは悔やんでも取り返しがつかない。そのため、結局は規律をしっかり定めることが重要であると考え、違反する者がいれば即座に厳罰に処すつもりである」という内容であった。

不祥事を防止するためいろいろ想定した結果、挨拶の仕方やマナー、通勤路の指定と、寄り道、喧嘩をしないという、小学校道徳教育のような結論に行き着くところが、実に深い。

◆注

［1］吉田兼見著、斎木一馬・染谷光広校訂『兼見卿記』（続群書類従完成会、一九七一年）
［2］永島福太郎編『天王寺屋会記』（淡交社、一九八九年）
［3］吉田兼見著、斎木一馬・染谷光広校訂、前掲註［1］

［4］太田牛一著、桑田忠親校注『信長公記』（人物往来社、一九六五年）
［5］同右
［6］奥野高廣『増訂織田信長文書の研究』（吉川弘文館、二〇〇七年）
［7］吉田兼見著、斎木一馬・染谷光広校訂、前掲註［1］
［8］同右
［9］同右
［10］ルイス・フロイス著、松田毅一・川崎桃太翻訳『日本史』（中央公論社、一九七八年）
［11］太田牛一著、桑田忠親校注、前掲註［4］
［12］ルイス・フロイス著、松田毅一・川崎桃太翻訳、前掲註［10］
［13］太田牛一著、桑田忠親校注、前掲註［4］
［14］同右
［15］永島福太郎編、前掲註［2］
［16］同右
［17］吉田兼見著、斎木一馬・染谷光広校訂、前掲註［1］
［18］太田牛一著、桑田忠親校注、前掲註［4］
［19］ルイス・フロイス著、松田毅一・川崎桃太翻訳、前掲註［10］
［20］吉田兼見著、斎木一馬・染谷光広校訂、前掲註［1］
［21］多聞院英俊著、辻善之助編『多聞院日記』（角川書店、一九六七年）
［22］谷口克広「没年月日と没年齢」（吉川弘文館『本郷』90号、二〇一〇―二〇一一年）

〔23〕浦上元『備前浦上氏の研究』（新人物往来社、一九八六年）
〔24〕勝田至『日本中世の墓と葬送』（吉川弘文館、二〇〇六年）
〔25〕永島福太郎編、前掲註〔2〕
〔26〕高柳光寿『明智光秀』（吉川弘文館、二〇〇五年）
〔27〕多聞院英俊著、辻善之助編、前掲註〔21〕
〔28〕太田牛一著、桑田忠親校注、前掲註〔4〕
〔29〕熊本大学文学部附属永青文庫研究センター編『細川家文書』（吉川弘文館、二〇一〇年）
〔30〕同右
〔31〕吉田兼見著、斎木一馬・染谷光広校訂、前掲註〔1〕
〔32〕熊本大学文学部附属永青文庫研究センター編、前掲註〔29〕
〔33〕太田牛一著、桑田忠親校注、前掲註〔4〕

第十二節 ◆ 天正十年

◆ご機嫌

天正十年（一五八二年）正月一日、光秀は安土城を訪れ、他の諸侯と共に信長へ年始祝賀を述べる。この春武田氏を討伐するための出兵を考えている信長は、無用の出費を抑えるために信長への献上物は十疋（銭百文）ずつとし、参賀者には皆「布衣《ほい》」を着用させた［1］（脚注1）。

七日の朝、光秀は坂本に津田宗及と山上宗二を招待し、毎年恒例となっている正月の茶会を行う。茶室の床の間には信長直筆の書が掛けられていた。信長直筆というのは大変珍しく、何と書かれていたのか、どのように入手したのかなどわかっていないのは残念である。また、駅鈴《えきろのすず》という、古代の役人が駅で馬を借りる際に必要であった鈴を置いている［2］。

十五日、安土において左義長が行われ、去年に引き続いて爆竹や馬揃えが催される。『兼見卿記（別本）』によれば、大竹十五本、金の扇十～二十本、紅帯十～二十本で会場を飾り立て、馬数二百頭ほどが集まっていたとある。この催しについて吉田兼見は、「この見事さは他のものと比べようが無い」と記している。また今回の馬揃えには、この年の二月に太政大臣（朝廷の最高位の一つ）になる近衛前久《このえさきひさ》も京都からわざわざ参加しに来ていたようで、このことについても兼見は「稀有《けう》なことである」と評している［3］。

十八日、大和国の大乗院門跡が安土の左義長を見物した後帰国しており、『多聞院日記』によると、信長は格別にご機嫌だったという。

二十日、吉田兼見は坂本にいる光秀を訪ねる。光秀とは小天主で対面し、茶湯や夕食が振る舞われた。その後二人は雑談をしており、光秀はご機嫌だったという［4］。信長共々、何か良いことがあったらしい。

二十五日の朝、光秀は津田宗及と、博多から上洛していた島井宗叱を招いて坂本で茶会を行った。この時の茶会で、光秀は信長から新たに拝領した平釜を使っている。先日の左義長を執り行ったことへの褒美であろうか。床の間には藤原定家の色紙。そして定家の所持していた文台に硯《すずり》を飾っている［5］。定家ゆかりの貴重な品々を入手できる光秀の、身分の高さをうかがい知ることができる記録だ。

二十八日の朝、坂本にて再び茶会が行われる。これには津田宗及、銭屋宗訥《そうとつ》、山上宗二が出席した［6］。

◆関東見物

二月二日、武田家臣の木曽義昌が信長に内応したことから、武田勝頼は義昌を討伐するため出陣する。それを受けて三日、信長は甲斐国の武田氏を討伐するため、岐阜城にいる嫡男信忠を先鋒隊として出陣させた〔7〕。

信忠率いる先鋒隊は、六日には武田軍への攻撃を開始。二十八日、信忠との戦に敗れた武田勝頼は信濃国の諏訪上原にある陣所を焼き払い、甲斐国の新府へ撤退する〔8〕。

三月五日の『兼見卿記（別本）』によると、信長は武田勝頼を討伐するため、光秀と共に出陣する。出陣した軍勢は、安土から佐和山まで続くと見受けられる程のかなりの大人数であった。そしてその多くは光秀の軍勢が占めており「綺麗」であったと記している。

八日、越中国方面での一揆を鎮圧した柴田勝家へ、信長が返書を送っている。それによると、信忠が武田勝頼に対して優勢であることから、信長自身が出陣する必要はなくなったが、今まで関東見物をしていなかったためこの良い機会に関東へ足を運ぶことにするとある〔9〕。この書状の内容から、信長は光秀らを連れ、公然と観光のために甲斐国へ向かったということがわかる。従ってこの大規模で煌びやかな軍勢は、戦に向かったのではなく、戦後処理を兼ねつつも観光に向かったといえそうだ。

十一日、天目山の戦いで信忠の軍に敗れた武田勝頼は、天目山の麓にある甲斐国東郡田野村において一族郎党と共に自刃する〔10〕。

十四日に信濃国に到着した信長は、十六日に信濃国飯田の陣所で武田勝頼の首実験を行い、勝頼の死亡を確認した［11］。

それからおよそ一ヶ月滞在し、四月八日付の文書によれば、信長は滝川一益を甲斐国に目付（監視役のこと）として在国させるので、周辺の豪族は一益と相談することを通達している［12］。また、織田家に仕えることになった信濃国上田城城主である真田昌幸に対して、信長は「黒葦毛」の馬を贈呈し、上田方面で昌幸が働くことを了承する。このことについて詳しくは一益に伝達させるとあり、一益が関東方面の政務を任されたことがわかる。

十日、甲府を出発した信長は、観光しながら安土への帰路に就くことになる。案内や接待を取り仕切ったのは徳川家康であった。十二日、信長一行は富士山を見物しており、誠に稀有の山であると賞賛している。その後富士山が見える絶好の場所に設置された御茶屋で一服し、家康の案内のもと数多くの名所を巡っている。その心遣いに感じ入った信長は、吉光の脇差、一文字の長刀、馬を与えている［13］。

ところで、一行が巡った名所の中には「清見ヶ関」「田子の浦浜」「三保の松原」「羽衣の松」など、和歌の題材として知られる場所が数多く

清見ヶ関。

田子の浦浜。

含まれている。これは光秀が好みそうな場所であった。何を隠そう光秀は、天正六年五月の行軍中に、その道筋にある『源氏物語』の名所や歌の名所を抜け目なく拝見していたのだ。光秀にとって、今回の関東見物がとても有意義なものだっただろうことは想像に難くない。

信長一行が安土に戻ったのは、四月二十一日のことであった［14］。

三保の松原。

羽衣の松。

◆接待

信長が安土に帰ってから三日後、二十四日付で、信長は細川藤孝と一色満信に宛てた書状を出している。それによると、信長自身が中国方面へ進軍するのは秋ごろの予定であったが、備前国の小早川隆景が羽柴秀吉に敗北し、備中国の高山城に籠城したので、高山城を秀吉が囲んでいるという報告を受けた。そのため、信長は次の戦況報告が入り次第出陣する用意をする。藤孝も出陣の準備に油断がないようにとある［15］。関東攻略に続いて、中国攻略に向けて信長が本格的に動き出したようだ。

五月十五日、信長は安土城に徳川家康を招待した。接待役には光秀が選ばれる。『多聞院日記』によれば、光秀は大和国中から盃台・樽三荷・小折二合・畑茶十斤を調達しており、信長は「台」が比類なき物であると絶賛し、大変喜び満足したという。また『信長公記』によると、光秀は京都や堺で珍しい食料を調達し、様々な心配りをしながら家康の接待を務めたとある。さらに『群書類従』には、「天正十年安土城献立」という、光秀が用意した料理の献立が記されている。例えば蛸《タコ》一つ出すにしても、わざわざ皮を取るなど細部まで手が込んでおり、海、川、山の幸、造花の菓子も出されていて豪華な様相であった。

十七日、徳川家康の接待を終えた光秀は、中国出陣の準備をするために安土から坂本へ戻る。接待役は丹羽長秀と、信長側近の長谷川秀一・堀秀政・菅屋長頼らが引き継いで行い、家康は十九日に安土城内の摠見寺で、幸若大夫の舞と梅若大夫の舞を見物した。二十一日、家康は安土から京都に移動し、その後京都・大坂・堺・大和国をゆっくりと見物する予定が組まれていた。京都の案内役は秀一に任されており、大坂では織田信澄と丹羽長秀が家康を迎えることになっていた［16］。

◆中国攻略の準備

五月二十四日、中国攻めを控えた光秀は戦勝祈願を行い、出陣連歌「愛宕百韻」を愛宕神社に奉納する[17]。

二十八日付で、光秀は石見国の福屋隆兼に書状を出している。隆兼は伯耆国の南条元続と共に織田軍に属しており、天正九年十月二十六日に毛利軍によって羽衣石城を包囲された際に、光秀や細川藤孝、羽柴秀吉らに救援を受けた人物である。

光秀が出した書状の内容は、福屋隆兼と南条元続の働きについて、光秀が高く評価しているということ。そして、中国攻略において織田軍はまず備中国の毛利軍と対陣するが、状況によってはそこから山陰道へ方向を変える可能性があるため、山陰道に入った際には協力を願いたいとある[18]。

その三日後、六月二日である。この日、本能寺の変と呼ばれる政変が起きた。

（脚注1）　朝倉義景の家中に伝わる家訓『朝倉孝景条々』に、年始の出仕の際の服装について書かれた項目がある。

それによると、年始の挨拶に来る家臣達が皆煌びやかな格好をしていると、禄の低い家臣が気後れして出仕してこなくなる。出仕する家臣が少なくなっては困るので、年始の挨拶だからと高価な絹の衣装で着飾らず、麻で作った布子に家紋をつけた上着を着るようにとある。

この年の信長も、服装を麻の着物に統一することで家臣の出費を抑えさせ、質素倹約に努めていたことがわかる。

◆注

［1］多聞院英俊著、辻善之助編『多聞院日記』（角川書店、一九六七年）
［2］永島福太郎編『天王寺屋会記』（淡交社、一九八九年）
［3］吉田兼見著、斎木一馬・染谷光広校訂『兼見卿記（別本）』（続群書類従完成会、一九七六年）
［4］同右
［5］永島福太郎編、前掲註［2］
［6］同右
［7］太田牛一著、桑田忠親校注『信長公記』（人物往来社、一九六五年）
［8］同右
［9］奥野高廣『増訂織田信長文書の研究』（吉川弘文館、二〇〇七年）
［10］太田牛一著、桑田忠親校注、前掲註［7］
［11］多聞院英俊著、辻善之助編、前掲註［1］
［12］谷口克広著、高木昭作監修『織田信長家臣人名辞典』（吉川弘文館、一九九五年）
［13］太田牛一著、桑田忠親校注、前掲註［7］
［14］同右

[15] 熊本大学文学部附属永青文庫研究センター編『細川家文書』(吉川弘文館、二〇一〇年)
[16] 太田牛一著、桑田忠親校注、前掲註[7]
[17] 島津忠夫校注『連歌集』(新潮社、一九七九年)
[18] 桐野作人『だれが信長を殺したのか』(PHP研究所、二〇〇七年)

「織田信長」の前に

本能寺の変といえば、信長と光秀がその政変の中心人物として扱われてきた。

ところが、光秀の章を通して見る限りでは、本能寺の変は突如として起こった、という印象を受ける。なぜ信長は討たれたのか。そしてなぜ、光秀が謀叛人になったのか。光秀の生涯を余すところなく追った先の章でわかったのは、「なぜ本能寺の変が起こったのか全然わからない」ということである。

こうも手がかりがないのだから、光秀側からの本能寺の変考察は不可能だと思われる。


そうなると、もはや本能寺の変と確実に関わっているであろう人物は、これによって討たれた信長だけとなる。首謀者の目星がつかない以上、本能寺の変の考察は、信長の動向を切り口にするしかない。

ゆえに、次章「織田信長」を設け、視点を切り替えたうえで信長側から再度考察を試みようと思う。

なお、「織田信長」の章も、「明智光秀」の章同様、幼少期から信長の生い立ちを追っている。本能寺の変を解明したい本書において、信長の幼少期は一見関係ないもののように思われるかもしれない。しかし、信長を取り巻く幼少期からの環境、政治的事情などのあらゆる側面を知っておくことが、政変に至るまでの経緯を理解するために必要だと判断し、この手間を惜しまぬことにした。

本能寺の変を解明すべく、いま一度、今度は信長の動向に着目し、その生涯を辿りたい。

第二章 織田信長

第一節◆那古野城時代

◈偽造

信長を平氏の生まれとする家系図が残されているようだが、現在その家系図はデタラメであるということがわかっている。

一時期平氏を名乗っていたこともある信長だが〔1〕、例えば天文十八年（一五四九年）十一月に尾張国の熱田八ヶ村に宛てた書状には、藤原信長と署名するなど一貫性はない〔2〕。

平氏を名乗ったことについては、足利義昭を京都から追放し政治の実権を握った信長が、それまで源氏と平氏が交互に政治を行ってきた歴史に着目し、源氏の出である義昭に変わる者が平氏の出であると主張することで政治を行うことに正統性を持たせたかったのだと考えられる。つまり、その時都合のよい名前を名乗っているだけで、織田氏と平氏に家系としての関係性はない。

また、家系図というものは都合のいいように情報を書き換えることが可能で、信用に値するものは極めて稀である。奥野高廣氏『織田信長文書の研究』によれば、織田氏の家系図は現在四種類残されているが、どれも記載内容が違っており、例えば信長の家系が織田本家であるかのように記されているなど（脚注1）、正確ではない。こういうものは偽造されていることを前提に扱わなくてはならない。

◆池田氏

信長は天文三年（一五三四年）に、織田信秀の嫡男（正室の長男）として生まれた。誕生日については五月十一日ないしは、十二日と推測されている。幼名は吉法師という［3］。

幼少時、乳母の乳を噛みやぶるので何人もの乳母が犠牲になっていたが、池田恒興の母である養徳院が乳母になると落ち着いたというエピソードを持っている。乳母の家系も同族と見なされるため、養徳院がいかに信長の乳母として相応しかったかは、池田氏の重要な宣伝材料だったのだろう［4］。

天文十五年（一五四六年）、吉法師は元服し、織田三郎信長と名乗るようになる。この時、平手政秀が信長の後見人（世話係）と

那古野城跡。

なった。翌年（一五四七年）、信長は吉良大浜で初陣を飾る［5］。

この時代信長が拠点としていたのは、父信秀から与えられた那古野城《なごや》であり、平手政秀、青山信昌、内藤勝介、林秀貞の四人が信長に仕えている［6］。

天文十七年（一五四八年）、父信秀は美濃国の斎藤道三と和睦。平手政秀の奔走によって、信長は道三の娘を妻に迎えた［7］。

◆うつけ者

数え年で十六から十八歳あたりになるまでの信長の素行について、『信長公記』には「信長は朝夕に馬を走らせ、三月から九月まではよく川に入っており、泳ぎがうまかった。弓や鉄砲の扱いや、兵法について師匠から教わり、鷹狩りもこの頃から行っていた。竹槍を用いての模擬合戦を見物していて、槍は長い方が有利と考え、三間や三間半（約六メートル四〇センチ）の柄の長い槍を開発させた（※しかし日本の地形は起伏が多いため、あまりに長すぎるこの槍は、実戦では使い物にならなかった）。信長の服装については、明衣《みょうえ》の袖を外し半袴で、髪は紅色や萌葱色の糸を使って茶筅《ちゃせん》のような髷《まげ》を作っていた。また、腰には火打石の入った袋など、様々な物をぶら下げており、朱色の鞘の太刀をさげていた。そして道を歩くときには柿や瓜、餅といった食べ物を食べており、人に寄りかかったり、人の肩にぶら下がったりしながら歩いていた」と記録されている。これらの素行から、信長はうつけ者（馬鹿者）と呼ばれていたという。

天文二十年（一五五一年）、父信秀が病死し、信長は家督を相続することになる。万松寺で信秀の葬儀が行われていた時、信長が仏前に抹香を投げつけたという有名なエピソードがあるが、おそらく相当に腹が立っていたのだと思われる。信秀は嫡男である信長に、正式に家督を譲っていなかったのではなかろうか。この時の尾張国は未だ統一されておらず、信秀が死んだことによって織田家の家督争いが起こったのだ。

信長は弟信行に柴田勝家と佐久間信盛をつけ、信秀のいた末森城に入るよう指示するも、信長を離反し、信行に付く家臣が相次いだ［8］。

信長への信頼が薄かったのは、信長がうつけと認識されていたことが大きな要因だったように思われる。『信長公記』に記されている信長の素行について、うつけのふりをして周囲の者達を油断させていたという見解があるが、結果として家臣の信用をなくすに至ったこれらの行為が、何かの作戦だったとは到底思えない。

うつけのふりをする利点などないのである。

◆信長否定

天文二十二年（一五五三年）、平手政秀が切腹した。切腹の理由は信長の愚行を戒めるためだといわれている［9］。

しかし、そのような理由で命を賭すという究極の手法を取るだろうか。信長を見限るなら、他の家臣同様、離反して弟の信行に付けばよいのだ。

平手政秀は、斎藤道三との和睦や信長の婚姻を取り持つなど、信長の政局において重要な役割を担ってきた人物である。織田家の家督争いにおいては信長方に立つ主要な人物であった。その政秀が信長の愚かさを悔やんで自害したと吹聴すれば、反信長の気運は一段と高まるだろうことが予測される。

四月、信長は尾張国の聖徳寺で斎藤道三と会見している［10］。婚姻を取り持った平手政秀の死亡は、両者にとって痛手であったことだろう。

弘治元年（一五五五年）四月十九日、信長は伯父である織田信光と協力して清洲城に攻めこみ、尾張国の守護代を切腹させた。その後信長は清洲城に移り、那古野城には信光が入ることとなる。しかし十一月二十六日、信光が急死する。『信長公記』ではこれを「天罰である」と記している。

この頃、信長に味方する人物が次々と突然の死を遂げているが、その死因については「信長の愚行」や「天罰」など、一貫して信長に否定的なメッセージが発信されている。

（脚注1）　織田氏は斯波氏の守護代（守護の代官として主君の領地を管理する役職）として尾張国を統治していた。信長の父信秀は守護代ではなく、当時の尾張国守護代、織田達勝の家臣という立場であったが、徐々に権力を高めていく。

尾張国には信長の家系（勝幡織田氏）の他に、岩倉織田氏や清洲織田氏といった家系が存在するも、信長が尾張国を統一していく中で滅びていった。

◇注

[1] 経済雑誌社編『国史大系　第10巻　公卿補任中編』（国立国会図書館デジタルコレクション、210.08-Ko548-Kk、一八九七―一九〇一年）
[2] 奥野高廣『増訂織田信長文書の研究』（吉川弘文館、二〇〇七年）
[3] 太田牛一著、桑田忠親校注『信長公記』（人物往来社、一九六五年）
[4] 岡田正人『織田信長総合辞典』（雄山閣出版、一九九九年）
[5] 太田牛一著、桑田忠親校注、前掲註[3]
[6] 同右
[7] 同右
[8] 同右
[9] 同右
[10] 同右

第二節◆清州城時代

◆斎藤氏

弘治二年（一五五六年）、斎藤道三が息子義龍に討たれる［1］。これでまた一人、信長に味方する者が死亡した。

斎藤氏の織田氏との関わり方に注目すると、斎藤道三が信長と親戚関係を持ち信長方を支持したことに対し、道三を討った義龍は反信長方に付いていた形跡がある。この頃義龍とその家臣の美濃衆が、信長の兄信広と共に清州城を乗っ取ろうとしたことが発覚しているからだ［2］。義龍は反信長勢力と繋がりを持っており、信長を支持する道三とは政治的方針が違っていたのである。

斎藤義龍と関わっていた信広という人物は、信長の兄であったが正妻の子供ではなかったため家督を継ぐことはできなかった。織田家中の内乱では反信長側に付いていたが、こちらの謀叛は未遂に終わったようで信長に許されている［3］。

◆稲生の戦い

五月二十八日、柴田勝家と林秀貞、通具兄弟が信長に謀叛する［4］。

六月には守山城の家臣角田信五が、信長の異母兄である城主の信時を自害させ、こちらも信長に敵対する姿勢をとる［5］。

八月二十四日、信長は謀叛を企てた柴田勝家、林通具らと稲生において戦う。自分の馬廻り小姓衆しか味方のいない信長勢七百に対し、勝家は一千、通具は七百と、合わせて千七百の兵力を有していた。信長は、一家臣より味方が少なく、兵力が劣っていたのだ。

稲生の戦いと呼ばれるこの戦で、信長は自ら敵陣に突撃した。そして運良く林通具を討ち取ることに成功し、勝利を収める。この後、信長の母親が信行と共に謝罪に訪れ、信長は彼らを許している［6］。

◆尾張国統一

永禄元年（一五五八年）柴田勝家が信長のもとに参上し、信行が再び信長に謀叛することを通報した。そのため十一月二日、信長は仮病を使って信行に見舞いに来るよう催促し、清州城に呼び寄せたところで河尻秀隆、青貝某に命じて信行を殺害する［7］。

永禄二年（一五五九年）二月二日、信長が上洛し、十三代将軍足利義輝のもとを訪れる［8］。尾張国の所有権を将軍から正式に認めてもらうためであった。

◆桶狭間の戦い

永禄三年（一五六〇年）五月十九日、信長が今川義元を討った。この戦は「桶狭間の戦い」と呼ばれている。

織田氏と今川氏は、以前から領土をめぐる衝突をしていた。今回、今川義元と衝突したことも、領土をめぐる衝突の一つであったと考えられる。従って、今回の義元の動きについて特別な意味を持たせる解釈、例えば義元が上洛しようとしていたなどという話に、これといった根拠はないように思われる。

今川義元の尾張国侵攻に対し、信長の家臣たちは籠城策を勧めたという。義元への寝返りを想定し、目立った抵抗はしないことにしたのだろう。家臣たちを統率する難しさが目に見えていた信長は、義元に対し打って出て、少しでも大きな損害を与え自軍の指揮を高めるしか方策がなかったと思われるが、しかし、今川勢の優勢は明確であった。

仕方なく出陣したであろう信長は、突然「敦盛」を舞い始めたという。「人間五十年、下天の内をくらぶれば夢幻の如くなり、一度生を得て、滅せぬ者のあるべきか」という部分を舞ったらしい。そして清州城より熱田神宮に向かった。熱田神宮にて戦勝祈願を行いつつ、信長に従う方針を打ち出した家臣の集結を待つ手筈である。ちなみに、この時点で信長に従ったのは小姓衆五人程だったという。最終的に集まった織田軍は二千程で、対する今川軍は二万五千であった［9］。

圧倒的な兵力差がありながら信長が勝利した要因について、梁田出羽守という者のもたらした今川義元が桶狭間にいるという情報が決め手となったという話がある。しかし、これは小瀬甫庵の『信長記』（脚注1）という信憑性の低い史料に見られるものであるから、あてにならない。

桶狭間の戦いの勝敗を分けた要因は、織田軍が進軍していた時に降った、楠の木が倒れる程の豪雨だったと思われる。織田軍はその雨を背中から浴び、桶狭間山の西側麓に着陣した。それは今川軍が織田軍の様子を見ようとすれば顔から雨を浴びる位置になっており、そのため織田軍の正確な情報が把握しにくくなっていた。ゆえに雨が上がったところで山を駆け上がり突撃してきた織田軍に、今川軍は浮足立った。突撃の時信長は「敵は昨夜大高城に兵糧を入れ、丸根砦や鷲津砦を攻めて疲れ切った労兵である」と希望的観測を述べることで、自身と味方を鼓舞している［10］。稲生の戦いと同じく、ほぼ捨て身のこの戦で今川義元を討つことに成功したのは、運が良かったからに他ならない。

なお、この戦で今川義元が討たれたことで、すぐさま今川氏が滅亡したように認識されてしまわれがちだが、実際はそうではなかった。義元は息子の氏真へ既に家督を譲っており、義元死後三日目の二十二日には、氏真は書状を発行して迅速な対応にあたっている［11］。信長が、信秀死後家督争いで弟信行と七年間争っていたことを思えば、あらかじめ親から家督を継いでいることの大切さがわかる。

その後六月五日に今川義元の葬儀を盛大に行った氏真は、敗戦処理の他にも三河国の検地を実施するなど領国の統治に力を注いだ。しかし、徳川家康や武田氏からの領土侵攻に遭ったことや、今川家中において影響力の強かった寿桂尼（脚注2）が亡くなったことなどが重なって、衰退を余儀なくされたのである［12］。

◆不確かな美濃国の情勢

六月、八月に信長は美濃攻めを行ったと『総見記』（脚注3）にはある。しかし『総見記』は信頼できる史料ではない。信頼性の高い史料による裏付けが必要である。

『信長公記』においても美濃攻めの記述はあるが、それらは日付だけしか記してなかったりするので、時系列については不確かな部分が多い。元々著者の太田牛一が自分の覚え書きを編集したのが『信長公記』であるため、出来事の内容は比較的正確であっても時期についてはあやふやな点をよく見かける。先に述べた桶狭間の戦いの年号も『信長公記』の原文では天文二十一年（一五五二年）と八年も誤って書いているなど、『信長公記』は時期について鵜呑みにはできない史料である。

永禄四年（一五六一年）、美濃国の斎藤義龍が亡くなり、息子である龍興が家督を継いだ。この混乱に乗じ、信長は五月十三日に美濃国に侵攻し、翌日の合戦で勝利する［13］。

この時の戦で、信長は「洲の股」という敵方の拠点を奪い、防備を強化している[14]。『総見記』にみえる、羽柴秀吉が信長に命じられて一夜にして築いたといわれる「墨俣城」のモデルは、この拠点のことだと思われる。要するに、洲の股（墨俣）城は秀吉が一瞬にして築いたものではなく、元々ここに建っていたのだ。

◈各地の同盟事情

同年、近江国の浅井長政と信長の妹（市）の婚姻が決まり、織田家と浅井家は縁戚関係を結ぶ。結婚の時期については諸説あるようだが、浅井長政が偏諱《へんき》して改名した時期から判断すると、永禄四年頃だと考えられる。偏諱とは、家臣の嫡子が元服する際や、恩賞、親睦の証しなどの意味合いで、主君から一字を与えられることである。

六角氏の家臣であった浅井長政は『竹生島文書』四月二十五日付書状では「賢政」と著名しており、この名は六角義賢《よしかた》（承禎）からの偏諱と思われるが、六月二十日付の書状では「長政」と著名している。これは信長から偏諱した名前であると考えられるので、これによって浅井氏が、六角氏から織田氏へ鞍替えしたことがわかる[15]。

永禄五年（一五六二年）、信長は徳川家康とも同盟を結んでいる。

水野信元が両家の仲介役であった。信元は信長家臣でありながら、家康付きの者でもある。二君に仕える人物として、明智光秀の章第二節に取り上げている。

（脚注1）　小瀬甫庵は、織田家臣の池田恒興に医者として仕えた人物であり、『信長記』の他に『太閤記』を書いたことで知られている。

これらの史料は、羽柴秀吉の活躍を大衆に知らしめる目的で作られた。ゆえに多くの人にわかりやすく、面白い読み物となるよう、秀吉の活躍を描いた創作を随所に施している。

なぜ、このようなことをしなければならなかったのだろうか。

羽柴秀吉が後に関白となり、権力を握ったことはよく知られている。しかし権力者となるには、それ相応の正統性が必要であった。すなわち、由緒ある血筋であったり、非凡な人物であることを世間が認めなければならなかったのだ。

信長が足利義昭に代わって政権を握ろうとした際は、源平交代思想を利用し、自身を平氏と称することで正統性を主張したが、羽柴秀吉はもともと低い身分の生まれであったようなので、血筋を主張しても説得力がない。そのため自身が非凡な人物であるということを世間に認めてもらうことで、権力者となることを正統化する方法を採ったのだと思われる。

ゆえに羽柴秀吉に関する歴史書の編纂は盛んに行われた。秀吉に関する逸話の多さは、世間に秀吉という異例の権力者を受け入れさせるために、それだけ多くの申し開きが必要だったということでもある。

（脚注2）小瀬甫庵が書いた書物は、歴史を調査研究する者たちの間では悪書として有名であるが、読みやすいことから大衆には人気があった。現代でも、間違った認識のまま小瀬甫庵の作り話が信じられていることが多い。

（脚注3）今川義元の母親。義元の父氏親の時代から政務を補佐し、今川氏が制定した分国法「今川仮名目録」の作成にも貢献したとされている。義元死後も氏真の政務補佐を行っていた。

『織田軍記』とも呼ばれる『総見記』は、貞享二年（一六八五年）頃に成立。著者は遠山信春である。

史料の内容は『信長公記』と、小瀬甫庵の『信長記』（脚注1）を混ぜたもののようであり、小瀬甫庵の『信長記』という史料が混ざることで『総見記』の史料的信頼性は格段に低くなっている。

◇注

［1］桑田忠親『斎藤道三』（講談社、一九八二年）
［2］太田牛一著、桑田忠親校注『信長公記』（人物往来社、一九六五年）
［3］同右
［4］同右
［5］同右
［6］同右
［7］同右

〔8〕山科言継著、国書刊行会編纂『言継卿記』（続群書類従完成会、一九九八年）

〔9〕太田牛一著、桑田忠親校注、前掲註〔2〕

〔10〕同右

〔11〕岸和田市立郷土資料館『戦国武将岡部一族展』（岸和田市立郷土資料館、一九九八年）

〔12〕小和田哲男『今川氏家臣団の研究』（清文堂出版、二〇〇一年）

〔13〕太田牛一著、桑田忠親校注、前掲註〔2〕

〔14〕同右

〔15〕『新修　大津市史』（大津市役所、一九八五年）

第三節 ◆ 小牧城時代

◆ 反対が前提

時期は不明であるが、美濃国を攻略する目的で、信長は拠点を清州から小牧山に移している。それに伴って家臣達を小牧山城下に住まわせるべく、信長は清州にあった家宅からの引っ越しを命じた［1］。

このように家臣を強制移住させることは、家臣とその土地の豪族との繋がりを切り離し、家臣独自の勢力を作らせないための工夫でもあった。これは六角氏や朝倉氏などが以前から行っていた政策であり、この度信長も移住政策を取り入れたのである。

移住先については、信長は二の宮山という場所を挙げていたが、家臣達が反対し、小牧山なら移り住んでもいいと希望するので小牧山に変更されている。『信長公記』には、「家臣の反対を予測して、わざと嫌がる場所から提案した」とあり、信長のメンツに配慮されている。

◆政変起こる

永禄八年（一五六五年）五月十九日、十三代将軍足利義輝が三好義継と松永久通によって討たれる。これより、足利義昭が次期将軍となるべく動き出す。

十二月五日、信長は足利義昭の上洛に関する救援要請を伝えにきた細川藤孝と対面し、命令があり次第上洛するという意志を伝えている［2］。

そして永禄九年（一五六六年）八月二十二日、ついに足利義昭が上洛命令を下す。ところがこの時、信長は動けなかった。美濃国の情勢が不安定で動くことができなかったのである［3］。上洛の期を逃した義昭は八月末に若狭国に移り、九月八日から越前国敦賀へ、朝倉義景を頼って滞在することになる。

◆美濃国平定

永禄十年（一五六七年）八月、美濃三人衆と呼ばれる斎藤氏の家臣、安藤守就・氏家卜全・稲葉一鉄が信長方に寝返り、稲葉山城の斎藤龍興を攻めた。龍興は十五日に伊勢国長島へ退散し、これをもって、信長は美濃国の攻略を成す。

美濃国を平定した信長は、拠点を小牧山城から稲葉山城に移している［4］。

信長が美濃攻略にかけた年数は、おおよそ七年であった。しかも、結局は斎藤氏側の内乱に助けられているところが多分にあり、信長が打って出ても敗戦することが多かった。上洛後、わずか十四年で天下統一を目前にした信長の躍進を思えば、美濃攻略は苦戦したといえそうである。

拠点を稲葉山城に移した信長は、この地を岐阜、稲葉山城を岐阜城と改名する［5］。

岐阜という名前の由来については、周の文王が「岐山」から天下を治めたという中国の故事から成るものと一般的にはいわれている。しかし、一四〇〇年代にこの地を訪れた万里集九という者が、著書『梅花無尽蔵』の中でこの地を「岐阜陽」と記述している。この辺りの土地で漠然と呼ばれていた岐阜という名前を、信長が「岐阜」に統一したという解釈が妥当と思われる［6］。

先行者たち

十月、信長は加納にある市場を「楽市場」と定め、加納市場に移住する者は信長の領地内を自由に行き来することを許した。加えて翌年（一五六八年）九月には「楽市楽座」としている［7］。

楽市楽座は信長の行った政策として知られているが、十八年前に六角承禎（義賢）が行うなど［8］、以前から行われていたものである。六角氏、朝倉氏、今川氏、これら氏族の政治は、一般にあまり取り上げられないものの、信長が行った政策を先行して行っていることが多い。

十一月から、信長は「天下布武」という印を使い始める[9]。「天下布武」という概念は、「天下草創」を掲げた源頼朝に由来するものとされている。天下草創とは、世の中を創始しようという意味であり、新体制を創ろうとする頼朝の意向が示されていた。頼朝は「天下正道」、つまり正当な道理がなければ、頼朝自身を含め、院であろうと天皇であろうと等しく罰せられるべきという理念を掲げて政治を行っていた人物である[10]。

信長は頻繁に「天下」という言葉を使うが、これは源頼朝が使っていた「天下」と意味合いを同じくするものであったと考えられている。守護・地頭を設置し武家の政権を作った頼朝は、武家が政権を握っていた当時から江戸末期まで、非常に評価が高かった。天正十年(一五八二年)に信長が武田氏討伐後の戦後処理兼旅行に出向いた際、頼朝が狩りの時に使用した宿舎があった「かみ井手の丸山」を眺めていることからも、頼朝に対する信長の関心がうかがえる。

また、源頼朝は鶴岡八幡宮において相撲を奉納することを恒例化している。後の信長も精力的に相撲を取らせており、両者の趣向にはいくつかの共通点が見受けられる。

◆注

[1] 太田牛一著、桑田忠親校注『信長公記』(人物往来社、一九六五年)
[2] 滋賀県立安土城考古博物館『信長文書の世界』(滋賀県立安土城考古博物館、二〇〇〇年)

［3］多聞院英俊著、辻善之助編『多聞院日記』（角川書店、一九六七年）
［4］太田牛一著、桑田忠親校注、前掲註［1］
［5］同右
［6］西ヶ谷恭弘『考証織田信長辞典』（東京堂出版、二〇〇〇年）
［7］滋賀県立安土城考古博物館、前掲註［2］
［8］小島道裕「戦国・織豊期の城下町―城下町における「町」の成立―」（東京大学出版会『日本都市史入門Ⅱ町』、一九九〇年）
［9］滋賀県立安土城考古博物館、前掲註［2］
［10］永原慶二『源頼朝』（岩波書店、一九五八年）

第四節 ◆ 上洛前

◈上洛の是非

永禄十一年（一五六八年）七月二十七日、信長は美濃国の立政寺にて、上洛するために信長のもとを訪れた足利義昭と対面する［1］。

ところで、足利義昭を保護していた朝倉義景は、この時なぜ自分で上洛しなかったのだろうか。

従来の説では、当時溺愛していた息子を失った悲しみから上洛する気が失せてしまっていたとされており、朝倉義景の個人的なやる気にその要因が求められていた。しかし、主君である義景の決断には、家やそこに仕える家臣たちの利害が絡んでいるはずだ。「個人のやる気」以上に政治的な理由が必ずあると考えた方がよい。

◆ 足利氏

足利義昭の兄、十三代将軍足利義輝は、家臣であった三好義継と松永久通に討たれた［2］。義継、久通らは次期将軍候補として足利義栄《よしひで》という人物を抱えていたため、二人いた義輝の弟のうち兄にあたる周嵩という人物は即座に殺された。ところが、義栄の地位を脅かしかねない義輝のもう一人の血縁者、義昭は殺さなかった。幽閉されたといわれているが、久通の父久秀が番を置き、外出を禁止させる程度の監視で済んでいる。そこで細川藤孝や大覚寺義俊、そして朝倉義景が、久秀らと話し合うことになり、同年七月二十八日に義昭を脱出させたのである［3］。

ここまでの流れから、そもそも将軍の殺害に直接手を下したのが、松永久秀ではなく、久通であることに注意が必要ではないかと思われる。これでは松永家の方針として義輝を討つ意志があったがどうか定かではない。久秀が、義昭を保護するために監視していたともとれる。

松永久秀と話し合いをした大覚寺義俊という人物は、京都の大覚寺の門跡（正式な後継者）を務めた人である。義俊は十二代将軍足利義晴（義輝、義昭らの父）の正室慶寿院と兄弟であり、義晴とは義理の兄弟関係にあった。そして、義晴の娘は朝倉義景の二番目の妻となっている。将軍家との縁戚関係から、朝倉家は将軍家に対して、ある程度発言力を持っていたと考えられる。こうして見ると足利義昭は、兄義輝が討たれた後相当早い段階で父義晴と繋がる人物、義俊や義景と連絡を取っていたことがわかる。一還俗したばかりの足利義昭は、即座に次期将軍となるべく各地に書状を送り活動を開始している。

方、行動を起こした側であるはずの三好義継と松永氏は内輪揉めを起こしていた。そして義継に三好三人衆（三好長逸・三好宗渭（政康）・岩成友通）が味方し、松永久秀に久通が従って、三好氏と松永氏の抗争が生じた挙句、義昭上洛となる際、三好氏が立てた足利義栄は病死する。

その後永禄十一年十月三日、松永久秀は茶器の名品を携えて信長に服属し、足利義昭の勢力に加わった。結局のところ、上洛した義昭に対して明確な敵対行動をとったのは三好氏のみであり、後に三好義継は久秀と和したものの、天正元年十一月四日、佐久間信盛によって本拠地若江城を攻められ、一族の不始末の責任を取るという形で切腹することとなる。これによって三好氏の嫡流は絶えたのだ。

かつて、三好氏は十二代将軍足利義晴を追放し、幕府の実権を握り畿内を支配下に収めていた［4］。これら一連の騒動は、義晴を追放した三好氏から再び政権を取り戻し、義晴の縁者が復権を果たした政変だったといえる。そうして台頭させた義昭が政権を握れば、朝倉氏の政治的立場もおのずと浮上する。

◆朝倉義景

朝倉義景の治める越前国一乗谷は、当時の京都を凌ぐ繁栄を見せていた。一乗谷はこの後信長に攻め滅ぼされるまで、約百年もの間敵勢を国外で防衛することに成功し続けており、戦禍に晒されることがなかった。そのため内乱で荒れる京都の文化人の多くが越前国へ流れたといわれている。

越前国は難民を受け入れつつ、自国独自の文化を育むことに尽力した。建築では「京間」とは異なる「越前間」という独自の寸法を持ち、芸能では、大和国の猿楽を呼ぶよりその費用で国内の才能のある者を上洛させて習わせ、後世に残そうとしている［5］。

信長が上洛した後躍進したため、野望を持つ者は上洛しなくてはならないという天下取りのセオリーがあるように思われているが、それは間違っている。強大な力を持っていたといわれる上杉氏や毛利氏、北条氏といった者達は、要請があれば上洛するが、結局は皆国内に留まっている。武田氏や今川氏といった者達は他国への侵略を行ってはいるが、上洛を目的としているわけではなく、ただ領地を広げようとしているだけだ。浅井氏は近江国という京都に隣接している土地に暮らしているにもかかわらず、足利義昭の上洛を手助けしただけであった。これらのことから考えても、領主達が皆こぞって京都を抑え、そこから天下を取ろうなどという野心を持っていたとは考えにくい。

またそれを裏付ける史料として、朝倉家臣朝倉宗滴による『朝倉宗滴話記』第六十七条「今考えること」の文中に「天下を取って御屋形様（朝倉氏当主）を在京させる」とある［6］。この記述から、義景は天下を取ってから上洛する予定だったことがわかる。これは、上洛して天下を取るという、一般的に考えられている天下取りの手順とは違うことを裏付けている。

さらに、上洛しなくても時勢を握った先例がある。足利義昭の父義晴は、六角定頼の庇護を受けた後上洛した経歴を持っている。義晴が上洛する際、定頼は供をしておらず、自国の近江国に在国し続けた。これは義昭と朝倉義景の関係、行動と一致する。その後、京都で実権を握った義晴はしばしば定頼に政治的な意見を求め、定頼は在国したままの状態で義晴に意見し、その意見は幕政に大いに関与した。

　足利義昭と朝倉義景も、足利義晴と六角定頼の関係性と同じ状態を目指していたはずである。義景が越前国にて義昭を滞在させていた頃から、義景の花押（サインのようなもの）は義晴と似通ったものに変更されている［7］。これは義景が義昭の父義晴を意識し、親交を深めた証拠の一つともいえる［図］。

　後生の者達は、信長の経歴に目を奪われ、上洛に価値を置き過ぎている。朝倉義景にとって、足利義昭が京都で実権を握り政治を行うことに意義があったのであり、上洛しようがしまいが、義景は中央の政治に関与することができたはずだったのだ。そして義昭に従っている以上、必然的に信長は義景以上の実権を持つことはできないはずであった。

［図］足利義晴と朝倉義景の花押。

◆六角氏の抵抗

　では、上洛までの動きをみていくことにする。

永禄十一年正月、足利義昭の仲介によって本願寺（脚注1）は朝倉義景と和睦。信長の方でも、京都へ向かう道上の領主達に今回の上洛の正統性を認めさせ、協力を要請するなどしているが、義昭の上洛ルートはすでに義昭自身の手によってほぼ出来上がっていたように思われる。

永禄十一年八月七日、信長は近江国の佐和山城にて、観音寺城を本拠地とする六角義賢（承禎）と会見する。しかし義賢は協力を拒んだ。そのため信長は一旦岐阜に戻り、九月七日に尾張・美濃・伊勢国の軍を率いて出陣する。ところが十三日、義賢が早々に逃亡したため信長は観音寺城を占拠することができた。信長は足利義昭のいる岐阜に使いを送り、二十六日、義昭は上洛を果たすのである［8］。

（脚注1）　足利義昭の上洛を見こして、永禄九年、本願寺は武田氏、六角氏と同盟を結んでいる［9］。信長のいる美濃国から京都に向かう際に、六角氏のいる近江国を通ることを想定したのだろう。

◇注

［1］太田牛一著、桑田忠親校注『信長公記』（人物往来社、一九六五年）
［2］山科言継著、国書刊行会編纂『言継卿記』（続群書類従完成会、一九九八年）
［3］奥野高広『足利義昭』（吉川弘文館、一九九六年）
［4］今谷明『戦国三好一族』（洋泉社、二〇〇八年）

［5］福井県立一乗谷朝倉氏遺跡資料館『朝倉氏の家訓』（福井県立一乗谷朝倉氏遺跡資料館、二〇〇八年）
［6］同右
［7］水野和雄・佐藤圭『戦国大名 朝倉氏と一乗谷』（高志書院、二〇〇二年）
［8］太田牛一著、桑田忠親校注、前掲註［1］
［9］神田千里『一向一揆と石山合戦（戦争の日本史14）』（吉川弘文館、二〇〇九年）

第五節 ◆ 上洛後

◈ 三好氏の抵抗

永禄十二年（一五六九年）正月五日、信長が京都を離れた隙をついて、三好三人衆と、信長によって美濃国を追われた斎藤龍興が、足利義昭の居る本國寺を攻めた。

四節でふれた通り、足利義昭の擁立は、十二代将軍足利義晴を追放した三好氏から再び政権を取り戻し、義晴の縁者が復権を果たそうとするものである可能性が高い。従って三好氏は何としても義昭の台頭を阻止したいのである。

襲われた本國寺には光秀もいた。光秀はここで、信長の家臣達と共に本國寺の防衛に携わっている。翌日、細川藤孝・池田勝正・伊丹忠親らが援軍として本國寺に集結すると形勢は逆転し、三好三人衆及び斎藤龍興は退却する［1］。

一方、本國寺が襲撃されていることを岐阜で知った信長は、大雪の悪天候の中単騎で飛び出し、三日かかる行程を二日で走破したという［2］。『言継卿記』や『多聞院日記』によると、信長は十日には京都に救援に駆けつけているが事態はすでに終結しており、自軍の損害は極めて少なく、対する三好の軍勢が多大な犠牲を出して敗走していたことを知った。

◆信長の変化

正月十四日、信長は室町幕府の殿中掟を制定し、十六日には掟をさらに追加している［3］。これは信長が将軍である足利義昭の権限を制限したものであり、つまりは信長が義昭を差し置いて政治に関与しようとしたものであったと解釈されている。義昭からしてみれば、自分の武力であればよかった信長が政治に関与し、自身の権限を規制するなど本末転倒であった。

二月二日、足利義輝が殺害された際に焼け落ちていた二条城の再建が開始される［4］。明智光秀の章でもふれた通り、この城においてはじめて「石垣」や「天主」という新しい技術や概念の導入があった。再建作業において、信長は自ら建設現場で働き、この後僅か七十日で作業を完成させたという［5］。この頃から唐突に、信長の築城に注目すべき点が見られるようになる。

三月二日、信長は足利義昭から副将軍推任を通達されるが、これを拒否する［6］。このことについて、一般には、官職などという古いしきたりにこだわらないのが信長なのだと解釈されているが、賛同しかねる。この後、信長は朝廷における最高官位の一つ、右大臣になっているうえ、家臣達にも官位を授けているからだ。副将軍を断ったのは、既に義昭の立場を利用して政治に関与し始めている信長にとって、義昭の下に組み込まれる官職に就く利点がなかったからだと考えられる。

十六日、信長は「精撰追加条々」という、二月末頃に発令した撰銭令の追加法を上京区に宛てて送る［7］。これには銭の代わりに米や金銀を用いる場合の規定が示されており、今まで各地で出されていた撰銭令にはなかった内容であった。この頃から、信長の政務にも注目すべき点が見られるようになる。

四月七日、こちらは完全に余談だが、信長が白地を着用して蹴鞠《けまり》をしている姿を山科言継らに目撃されている。その六日後、実は蹴鞠で足を負傷していたことが判明した［8］。少し気持ちが和んだところで、話を政治的なことに戻そう。

八月二十日、信長は伊勢国を攻撃し、十月三日、兵糧攻めを行っていた北畠城が陥落したことで平定された［9］。伊勢国を治めていた北畠氏には信長の次男信雄が養子として与えられ、北畠氏の後継ぎとするよう命じられた。こうすることで北畠家の家臣団は、組織構造を変えることなくそのまま織田の一族となり、信長の指揮下に組み込むことができる。

十月十二日、上洛した信長は、十六日に足利義昭と言い争ったことが原因で岐阜に帰り［10］、正親町天皇を心配させた［11］。

◆光秀の影響

永禄十三年（一五七〇年）正月二十三日、信長は足利義昭に向けて五箇条の条々を提出する。条文の内容は、今後信長の許可なく義昭が政治を行うことは許されないというものであった［12］。

条文の証人には、光秀と朝山日乗の署名が添えられている。信長と足利義昭との間に決定的な亀裂が生じるこの条文の証人となっている光秀は、明らかに信長の肩を持っている。

二月三十日、わずかな手勢で上洛した信長は京都の光秀屋敷を宿所とする［13］。未だ足利義昭の家臣であるはずの光秀の所へ、ごく少人数で訪れている様子から、光秀が信長の政治に既に存外深く関与しているらしいことがわかる。信長の政治に関する光秀の影響力は、この頃から見直す必要があるだろう。

なにより、これまで突撃型の戦ばかりしていた信長が、伊勢国の北畠氏に対して用いられた養子を送り込む支配方法を採用したり、「精撰追加条々」に見られるような細かな規定を定めた形跡はなかった。政務に関することだけでなく、築城における技術革新など、これまでの信長の政治には見られなかった明らかな変化が、ここにきて随所に生じている。しかも、政務も築城も、光秀の得意とする分野だ。光秀と関わりを持つようになってから見られるようになった信長の変化を、光秀の存在と無関係には考えにくい。

四月二十日、信長は朝倉義景討伐のため越前国へ出兵する［14］。義景が上洛要請に応じなかったため朝敵と見なし出兵に至ったというわけだが、義景からしてみると、信長の要請に屈するかたちで上洛するわけにはいかなかった。

◆信長の特異性

ここまでを振り返ると、信長は上洛した後、足利義昭の権限を抑え、政治の実権を握り始めた。一方義昭の動きは、信長に殿中掟を制定された後、これに対して副将軍の推任を計るなど信長の後手に回ってしまっている。義昭らにとって信長の動きは、当初の予想を外したものだったといえるだろう。

予想を外させた要因は、本拠地に対する考え方の違いだったのではないかと我々は考えている。

この時代の領主は、自国の存続と発展を第一に掲げるものであった。しかし信長は自国（尾張国）を発展させることに固執していない。そのため、本拠地を簡単に変え、領地を治めるのにより都合が良い場所に自分が移動している。信長のように、自国に固執しない領主は稀だった。

自国を離れ拠点を移した領主の先例を挙げるとすれば、阿波国から出て摂津国に拠点を移し、畿内の中央政権を掌握した三好長慶の例がある。しかし長慶は信頼できる親族（弟たち）を要所に配置し国の政治を任せることができたからこそ、国外への進出が成ったといえる。内乱まで起こされていた信長の親族は、国を預けられるほど信頼できるとは思えず、常識的に考えると、信長には京都と自国の政治の両立はできないはずであった。

ところが、信長の尾張国統治があまりうまくいかず、自国に根をおろせなかったことが、結果的に信長を自由にしたように思える。

信長は、立ち後れた自国の発展より、自身の権威の確立にのみ尽力することができた。信用できない親族より、親族ではないが使える家臣に政治を割り振り、なりふり構わない進出を図ることができたのだ。

それは、信長に見出されるまで「瓦礫の様に価値なく落ちぶれていた身の上であった（明智光秀章十一節 明智光秀家中軍法）」と自覚していた光秀においても、本拠地の発展に希望が見いだせなかったという点において、同じだったと思われる。

信長も光秀も、守るべきものがないが故に、思い切ったことができたのではなかろうか。

◆注

[1] 太田牛一著、桑田忠親校注『信長公記』（人物往来社、一九六五年）
[2] 同右
[3] 奥野高廣『増訂織田信長文書の研究』（吉川弘文館、二〇〇七年）
[4] 山科言継著、国書刊行会編纂『言継卿記』（続群書類従完成会、一九九八年）

〔5〕ルイス・フロイス著、松田毅一・川崎桃太翻訳『日本史』（中央公論社、一九七八年）
〔6〕山科言継著、国書刊行会編纂、前掲註〔4〕
〔7〕奥野高廣、前掲註〔3〕
〔8〕山科言継著、国書刊行会編纂、前掲註〔4〕
〔9〕多聞院英俊著、辻善之助編『多聞院日記』（角川書店、一九六七年）
〔10〕同右
〔11〕高柳光寿『明智光秀』（吉川弘文館、二〇〇五年）
〔12〕奥野高廣、前掲註〔3〕
〔13〕山科言継著、国書刊行会編纂、前掲註〔4〕
〔14〕同右

第六節 ◆ 前期信長包囲網

◈ 浅井氏の離反

元亀元年（一五七〇年）四月二十日、朝倉義景討伐のために出陣した信長は近江国堅田に陣取り、近江国北方で戦闘する［1］。二十五日、金ヶ崎城と手筒山城を攻めた織田軍は、その日に手筒山城を落とし、翌日には金ヶ崎城を落としたという［2］。その一方で、『多聞院日記』にはこの日の戦闘で織田軍が二千余りの戦死傷者を出したことが記されており、織田軍も多大な損害を被っていたことがうかがえる。

さらに二十九日、信長と縁戚関係を結んでいた近江国の浅井久政、長政父子が、信長を裏切り朝倉氏と連携しただけでなく、六角義賢、義治父子らとも手を組んで、信長を攻める姿勢を見せた。そのため信長は越前国から近江国朽木を越えて、京都へと退却することになる［3］。信長が無事京都に帰還したのは、三十日の亥の下刻（二三時頃）であった［4］。

浅井氏の裏切りは、信長にとって想定外の出来事だったらしい。『信長公記』には、浅井氏離反の報を聞いた信長が「浅井氏とは縁戚関係にあり、そのうえ近江国北部を任せているのに何の不満があるというのか」と情報を疑うも、各地より事実であるとの報告が入ったとある。この時の有名な話で、浅井長政の妻（信長の妹）が、小豆《あずき》の袋を送りつけて信長に危機を知らせる話があるが、『朝倉始末記』という軍記物の異本『朝倉家記』にのみ見られる、信憑性の低い話だ。

また、寛文末年（一六七二年）頃成立した浅井氏に関する架空の軍記を盛り込んだ『浅井三代記』という信憑性の低い史料には「信長が浅井氏と同盟を結ぶ際、浅井氏の許可なく越前国に攻め入ってはならないという約束をしたのに、約束を守らず無断で越前国を攻めたため信長を裏切った」とある。信長が故意に浅井氏との契約を破っているのであれば、浅井氏の離反は考え得る範囲のこととなり、想定外だと情報を疑う必要はなくなる。信長に非があるような記述だが、これでは筋が通らない。

越前国出兵において浅井氏の協力を頼りにしていた信長であったが、裏切られたことで信長の形勢は大幅に不利になり、撤退を余儀なくされた。五月九日、信長は帰国するために京都を出る。その際、朝倉氏だけでなく浅井氏を警戒し、森可成《よしなり》に近江国の志賀城及び宇佐山砦の守備を任せている［5］。

十九日、信長は近江国南部にいる六角氏と和議を結ぼうとしたが、うまくいかなかった［6］。それどころか美濃国へ引き揚げる帰り道、六角義賢に雇われた杉谷善住坊という刺客が信長を狙撃したという。善住坊は信長に向けて二発（四発という説もある）射撃するも、弾は信長にかすった程度で大事には至らなかった［7］。この善住坊が撃った弾が、信長のどこをかすめたかについて、何故か色々な説がある。笠に当たった・袖をかすった・袖を貫通した・足をかすった・信長の着用していた鎧に弾かれた・信長がいつも懐に入れて持ち歩いている乾餅に当たって弾が止まった等々。どれが正解なのかはわからないが、大事に至らなかったという結果は同じである。

◆三好氏の政治転換

六月十九日、朝倉氏、浅井氏の討伐に信長と共に近江国へ出陣するはずであった足利義昭が、出陣を延期する。池田城をめぐる内紛があったことを出陣延期の理由としているが、もとより朝倉氏と親しくつきあいがある義昭が、義景を討伐する戦に協力するはずがない。

二十八日、信長は姉川で朝倉・浅井軍を破る。合戦には徳川家康も参戦しており、信長と家康は二手に分かれて布陣していた［8］。この合戦で近江国横山城を奪った信長は、浅井長政の本拠地である小谷城を攻めるための準備として、羽柴秀吉を入れ守備を命じた［9］。

七月四日、信長はわずか数十名の供で上洛。足利義昭のもとへ行き、姉川の合戦について雑談する。その後、京都にある光秀屋敷に宿泊した［10］。

この時信長は、光秀屋敷で多数の人と会見を行っている。正親町天皇から使わされた山科言継の他に、上野信恵・松永久秀・朽木弥十郎・飯河信堅・歳阿といった者達が信長と会っていた。そこで言継は、正親町天皇・誠仁親王・大典侍《おおすけ》（正親町天皇の側室）・長橋局らからの言伝を伝達。亥刻（二一時～二三時）に宿所を退出している［11］。光秀屋敷が単なる宿所ではなく、政治を行う場所にもなっていたことが確認でき、信長の政治における光秀の重要性がうかがい知れる。

六日、信長は摂津国吹田で織田軍が三好勢を打ち破ったという報告を受けたが、三好勢を全滅させなかったことを不服としている［12］。

八月十日付で、近衛前久（脚注1）が九州の島津貴久へ宛てた書状がある。書状の内容を要約すると、三好氏と昵懇だと足利義昭に疑われるなどして前久は京都を追い出された。信長は理解を示してくれているが、義昭は理解を示さない。こうなったら六角氏・朝倉氏・浅井氏・三好氏ら「一味」に対抗する覚悟だとある［13］。注目すべきは、三好氏が朝倉氏の仲間だと認知されていることである。朝倉氏の一味となっているのなら、義昭とも交流を持つようになったと想定できるだろう。事実この頃になると、三好勢は義昭ではなく、織田軍を狙って交戦している。

八月十七日、摂津・河内国の織田軍が三好勢に敗れたという情報を受けて出陣した信長は、二十三日に京都を訪れる［14］。翌日、吉田兼見が本能寺にいる信長に礼参。翌二十五日、信長は摂津国へ向かう。この時は足利義昭の軍勢も形ばかりだろうが出陣していたという［15］。

二十六日、三好勢の居城となっていた野田城・福島城を攻撃したが、抵抗が激しく織田軍に多数の死傷者が出た［16］。

◆本願寺の参戦

九月十二日、本願寺門徒が摂津国福島の信長の陣所を襲撃する[17]。さらに二十日には朝倉・浅井軍と連携し、近江国坂本を襲った。この襲撃により、志賀城を守備していた森可成と織田信治(信長の弟)が討死する[18]。

六角氏・朝倉氏・浅井氏・三好氏に、本願寺が加わり、信長を取り巻く状況は厳しくなる一方であった。しかも、表面的には協力関係にある将軍足利義昭すら、その実、信長と敵対しているのである。

二十四日、坂本へ急行した信長は朝倉・浅井軍と衝突する。比叡山に布陣した朝倉・浅井軍に対し、比叡山の麓に布陣したが、そのまま膠着状態に入ってしまう[19]。

◆戦略的和睦

十一月二十二日、『兼見卿記』によると、信長は六角義賢、義治父子と和睦している。

ところが、六角氏との会見があったこの日、尾張国の小木江城が伊勢長嶋の一揆衆に攻め込まれており、城を守備していた織田信興(信長の弟)が自害し、落城している[20]。和睦のため信長が近江国から動けずにいることを、あらかじめわかっていたかのような襲撃であった。六角氏の和睦は本意でなされたものかどうか疑わしい。

一方、比叡山に籠った朝倉・浅井軍と膠着状態にあった信長は、十二月九日付けの正親町天皇から比叡山の門徒に宛てた綸旨（天皇の命令によって出される公式文書）によって、朝廷及び幕府の仲裁による和睦を結ぶこととなった[21]。

信長は十四日に陣所を引き払い、美濃国岐阜へ帰還する[22]。

◆不如意

元亀二年（一五七一年）正月二日、朝倉・浅井軍と本願寺の連携を遮断すべく、信長は羽柴秀吉に命じて姉川から朝妻にかけての海陸交通路を閉鎖させる[23]。ところが二月五日、本願寺顕如が朝倉義景の年頭祝賀や物を贈呈されたことに答えるなど[24]、この交通閉鎖は掻い潜られている。

五月十二日、信長は伊勢国長嶋の一揆討伐のため尾張国津島に出陣する。信長の弟信興を討ったことに対する報復ともいえるが、十六日に織田軍は敗走することになり、一揆勢の追撃によって殿となった柴田勝家が負傷する。この時共に殿を務めた氏家卜全（美濃三人衆の一人）は戦死した[25]。

八月四日、上洛時に織田軍に与していた松永久秀が裏切り、和泉国にいる織田軍と交戦する。さらに三好義継と共に大和国の筒井順慶と戦ったが、大敗する。久秀は多数の死傷者を出し、這々の体で多聞山城へ撤退した［26］。

各々、なかなか思い通りに事が運ばない様子だ。

◆寺

九月十二日、信長は比叡山延暦寺を焼き打ちにする。

信長の焼き打ちは残酷で無慈悲なものとされてきたが、実際はそうではなかった。延暦寺に対し中立の立場に立つよう再三要求し、それでも従わないため、正当な手順を踏んで宣言通り焼き討ちを実行したことは明智光秀の章ですでに述べている。僧侶を聖職と捉える現代人の感覚では、彼らを非戦闘民と認識している節があり、そのため信長が無抵抗な者に対して焼き討ちをしたかのように思われやすいのだが、それは大きな間違いである。

そもそも、寺社勢力は戦闘集団と認識してもよいほど争いと縁が深い。寺領内では商工業が盛んで、武器が生産され、武芸も盛んであった。寺社勢力の絡んだ武力抗争は頻繁に起こっており、天文五年（一五三二年）七月に天台宗と日蓮宗が起こした天文法華の乱では京都の大半を炎上させた。焼き打ちなど珍しくもない出来事なのである。しかも、寺領内は特定の勢力に加担しないという前提のもと、寺内特権という領主の介入を排除できる便利な特権を持っていた。

本願寺と戦をすることになった信長は「長袖の身ながら一揆蜂起せしめ」と言ったというが[27]、これは「長袖」と呼んで僧侶を侮っているのではない。寺内特権を持っている「長袖の身」として、中立の立場を貫くべきであるのに、特定の勢力に荷担して一揆を企てたことを責めているのだ。延暦寺焼き討ちの際、中立の立場に立つよう信長が再三要求していたのは、この寺内特権を根拠にしているのである。現実的にはこういった前提は全く守られていなかったが、本来、中立であるということが寺内特権を保証する建て前ではあったのだから、信長は道理の通った正当な主張をしている。

傍若無人に振舞う当時の寺社の実態には目を向けず、信長一人が不遜で残忍という悪評を背負っているが、これは僧に対する固定観念と、信長に対する固定観念から作り出された、創作的で間違った見方である。

比叡山を攻め落とした信長は、この付近の土地である近江国志賀郡を光秀に与える[28]。

翌十三日、信長は馬廻・小姓衆だけを従え上洛。この日の宿所は妙覚寺であった[29]。

ここでもう一つ、信長に対する認識の誤りを指摘しておきたい。後に本能寺の変が起こった時、信長は思いがけなく無防備であったといわれ続けているが、その認識にも語弊がある。信長は普段から頻繁に少人数で動いており、寺に泊っている。それは信長にとって珍しい状態ではない。

十二月、光秀は足利義昭に対して職を辞した[30]。光秀が義昭の家臣でなくなったのは、このタイミングなのである。そうするとこれまで、信長は関係が悪化している義昭の家臣であった光秀の屋敷に少人数で泊まったり、そこで政治を行ったりしていたということになる。寺に泊まるよりよほど大胆だ。

◈信長の人間性

信長という人物は、日本史上おそらく最も有名な人物として、強烈なキャラクター化がなされている。神仏を軽んじた（脚注2）、とする信長の人物設定も、その一つであろう。しかし信憑性の高い歴史史料を見てみると、そのイメージを覆す記述が多々ある。

信長は石清水八幡宮に「黄金の樋《とい》（青銅に金箔を張り付けた樋）」を寄進したり、伊勢神宮のしめ縄を新調したり、遷宮（伊勢神宮において神殿を造営、改修する際に御神体を移動させる行事）にかかる費用を援助するなど、神を祀る場所をとても大切にしている。

宮司である吉田兼見に「南都が滅びれば災いが発生する（脚注3）」という噂の真偽を問うてもいる［31］。南都を焼き討ちした平重衡という人物が「地獄に墜ちる極悪人」と見なされたため、信長はこの不吉な迷信を気にしていたのだ。

大和国東大寺の正倉院に保管されている「蘭奢待《らんじゃたい》」の一部を切り取った際には、共に保管されていた「紅沈」は切り取った先例がなかったため（脚注4）手を付けなかったし［32］、左大臣の官位を勧められた時は、誠仁親王に対する譲位の儀を優先すべきという理由でこれを保留にしており［33］、伝統的な権威や慣習を気にしてもいる。

誠仁親王に二条御新造を渡すにあたっては、暦博士に良い日取りを占ってもらっているし［34］、信長自身が安土城に移る際も、五月十一日が吉日ということで移っており、占いや、良い日取りを考慮して行動している。

神仏を軽んじているようには思えないのだ。

また、物語などに見られる信長は大変威圧的で、特に酒の席で暴力を振るう様をよく描かれている。

しかし『兼見卿記』や『日本史』に、信長は酒を飲まないとある。信長は下戸なのだ。

当時の下戸というのは、酒豪ではないという意味合いなので、飲酒不能者かどうかまではわからない[35]。けれど、「飲まない」とあるので信長がそれでいう下戸の部類だったことは確かである。だからこそ、信長は茶を飲んでいた。そして茶道にのめり込み、茶道を広めるに至ったのだ。

ある年の七月十八日、盂蘭盆会《うらぼんえ》に津嶋踊りが行われた。その後津嶋の五つの村の年寄り達が踊りのお返しをするために清洲城を訪れ、信長の前で踊った。信長は一人一人の踊りについて、これは面白い、よく似合っているなどと親しげに感想を述べ、団扇を扇いであげたり、お茶を飲ませたりして彼らをもてなしたという。年寄り達は涙を流して感謝したと『信長公記』にある。

もてなしといえば、ルイス・フロイスと晩餐した際も、信長は食膳を運んだりご飯を装ったりしており、お膳を受け渡した際には相手を気遣って「味噌汁がこぼれないよう真っ直ぐ持つよう

石清水八幡宮。

に」と声を掛けるなど、とても細やかな心配りを見せている［36］。

このように、史料に見る信長からは威圧的な印象は抱きにくい。むしろ気さくな人柄を感じさせる。一般に馴染みのある信長のイメージ像は、史料上に残る信長の人間性とはほとんど別物のように思うのである。

（脚注1） 前関白（成人した天皇を補佐す官職）で、姉妹には十三代将軍足利義輝の室や、越前国の朝倉義景室がいる。

当時は足利義輝殺害に関わっていると義昭から容疑を受けており、関白の地位を剥奪され、追放されていた。

（脚注2） 信長が神仏を軽んじたとされるきっかけとなった史料は、宣教師であるルイス・フロイスの『日本史』に「神および仏のいっさいの礼拝、尊崇、ならびにあらゆる異教的占卜や迷信的慣習の軽蔑者であった」と記されていたためである。

ただし、これについては他宗教を否定的な目でしか見ない宣教師が書いた『日本史』という史料の性質をよくよくふまえる必要がある。神田千里氏は、宣教師が信長と仏教諸勢力との関係を友好的に書くことなどありえないと述べ、信長の宗教政策に対する評価を再検討するよう促している［37］。

もう一つ、『明智軍記』や『陰徳太平記』に、信長は上洛した当初から本願寺を滅ぼす意図があったとして、信長を「仏敵」「法敵」と表現していることも、信長が神仏を軽んじている根拠となっている。これについても神田千里氏が、これらの史料は信長と本願寺のありもしない戦（鷺ノ森合戦）をでっちあげ、ねつ造にねつ造を重ねる中で信長に本願寺滅亡思想があったことが史実であるかのように認知させるに至った、という経緯を詳しく解説されている[38]。史料に書かれた神仏を軽んじる信長像は、政治的な作為が施された姿といえるだろう。

（脚注3）『兼見卿記』には「南都滅亡時は北嶺も滅亡し、王城に災いが発生する」とある。南都とは奈良、平城京のこと。この場合は興福寺や東大寺といった有力寺院のことを指すと思われる。

北嶺とは比叡山延暦寺。王城は京都のことである。

（脚注4）実際は足利義政（室町幕府八代将軍）が寛正六年（一四六五年）九月二十四日に切り取った記録が『大日本史料』で確認できる。

◇注

[1] 多聞院英俊著、辻善之助編『多聞院日記』（角川書店、一九六七年）
[2] 太田牛一著、桑田忠親校注『信長公記』（人物往来社、一九六五年）
[3] 同右
[4] 山科言継著、国書刊行会編纂『言継卿記』（続群書類従完成会、一九九八年）
[5] 太田牛一著、桑田忠親校注、前掲註[2]
[6] 山科言継著、国書刊行会編纂、前掲註[4]

[7] 太田牛一著、桑田忠親校注、前掲註[2]
[8] 同右
[9] 同右
[10] 山科言継著、国書刊行会編纂、前掲註[4]
[11] 同右
[12] 同右
[13] 谷口研語『流浪の戦国大名 近衛前久』(中央公論社、一九九四年)
[14] 山科言継著、国書刊行会編纂、前掲註[4]
[15] 吉田兼見著、斎木一馬・染谷光広校訂『兼見卿記』(続群書類従完成会、一九七一年)
[16] 多聞院英俊著、辻善之助編、前掲註[1]
[17] 太田牛一著、桑田忠親校注、前掲註[2]
[18] 同右
[19] 吉田兼見著、斎木一馬・染谷光広校訂、前掲註[15]
[20] 太田牛一著、桑田忠親校注、前掲註[2]
[21] 奥野高廣『増訂織田信長文書の研究』(吉川弘文館、二〇〇七年)
[22] 山科言継著、国書刊行会編纂、前掲註[4]
[23] 奥野高廣、前掲註[21]
[24]『顕如上人御書札案留』(東京大学史料編纂所 編纂『大日本史料 第10編』東京大学史料編纂所データベース)

[25] 太田牛一著、桑田忠親校注、前掲註 [2]
[26] 多聞院英俊著、辻善之助編、前掲註 [1]
[27] 太田牛一著、桑田忠親校注、前掲註 [2]
[28] 同右
[29] 山科言継著、国書刊行会編纂、前掲註 [4]
[30] 高柳光寿『明智光秀』（吉川弘文館、二〇〇五年）
[31] 吉田兼見著、斎木一馬・染谷光広校訂、前掲註 [15]
[32] 多聞院英俊著、辻善之助編、前掲註 [1]
[33] 『御湯殿上日記』（東京大学史料編纂所　編纂『大日本史料 第10編』東京大学史料編纂所データベース）
[34] 太田牛一著、桑田忠親校注 前掲註 [2]
[35] 奥野高廣『戦国時代の宮廷生活』（続群書類従完成会、二〇〇四年）
[36] ルイス・フロイス著、松田毅一・川崎桃太翻訳『日本史』（中央公論社、一九七八年）
[37] 神田千里『一向一揆と石山合戦（戦争の日本史14）』（吉川弘文館、二〇〇九年）
[38] 同右

第七節 ◆ 坂本築城

◈ 譜代家臣

元亀二年（一五七一年）九月、信長は近江国志賀郡を光秀に与えた。光秀は坂本の地に城を建て、ここに赴任することとなる。

統治すべき領土（国）と城を持つことが許された家臣は、この時代を通しても光秀が最初であり、この人事はとても斬新だった［1］。「一国一城の主」という言葉があるが、光秀がその最初の人だったのである。

さらに坂本城は日本一豪華な城でもあった。光秀は、信長の安土城が完成するまでの間、日本一豪華な城に住んでいたことになる。信長は革新的な人だといわれているが、家臣の扱い方においては、確かにその通りだ。

一般的な領主達の家臣構成は、まず親族が重臣となり、その周囲を代々仕えている家臣、「譜代家臣」が取り巻いている。そのため、新参者の家臣が活躍する場所を与えられることはまずない。たとえ主君が新参者を重用しようとしても、親族や譜代家臣に抵抗されるのが普通であるし、新参者が有能だったとしても、長年国を支え守ってきた実績がある譜代家臣の重要性には代え難い。長く仕える家臣を尊重することで、主君と家臣の利害関係は長期的に一致し、安定した組織が形成されるのだ。

しかしながら信長は、尾張国統一時の闘争によって親族の大半と敵対し、信頼できるはずの譜代家臣にも裏切られてきた。

信長は自分の一存で好きなように気に入った家臣を使うことができたものの、言い換えれば、それは信頼のおける譜代家臣がいないがためにそうなってしまったのだ。信長の人材登用は、現代の感覚から見れば合理的で革新的な実力主義だと呑気にいえる。しかし、この時代の組織のあり方から見れば、織田家の結束は脆く、希薄だったのではなかろうか。

信長の一存による実力主義は、この時代の組織運営に適していたといえるのか。信長に重用された光秀という人物が、周囲からはどのように見られていたか、ルイス・フロイス『日本史』の記述をもとに考察したい。

◆織田家中における光秀

『日本史』に記されている、光秀についての記述を要約しよう。

信長の宮廷にいた光秀という人物は、もともとは高貴の出ではなかった。信長の治世の初期には、足利家に仕えていた細川藤孝に奉仕していたのだが、その卓越したずる賢さで信長に近づき寵愛を受けることとなった。けれど光秀は外来の身で、織田家中において余所者《よそもの》だったので、ほとんどすべての者から快《こころよ》く思われていなかった。

しかし光秀は、自分に向けられた寵愛を保持し、かつ拡大させる不思議な器用さを身に備えていた。そして信長からの親愛の情を得るために、絶えず信長を喜ばせ続け、信長の嗜好や希望にかなうよう心掛け続け、信長が自分の働きを認めてくれた時や、信長への奉仕に不熱心な者を見た時には、自分を良く見せようとして涙を流したりもしていた。それは本当に心からの涙に見えるほどであった。

一方友人たちには、自分は人を欺《あざむ》くための七十二の方法を体得していると吹聴しており、ついにはその技術を使って、あまり謀略に精通していない信長を完全にだまし、惑わした結果、信長は光秀を丹波、丹後二カ国の国主に取り立てたり、国の半ば以上の収入に相当した比叡山の全収入を光秀に与えてしまったのである。

『日本史』の記述では、信長は光秀にだまされて国や金を与えていたことになっている。

光秀は「外来の身」で余所者とあるが、外来とは、外様のことである。外様は主家に代々仕えていない新参者のことを指し、譜代の主従関係ではない傍系とされている。

光秀は間違いなく信長の重臣として働いていたにもかかわらず、織田家中では光秀は余所者と認識され続け、「ほとんどすべての者から快く思われていなかった」と、全く受け入れられていない。

このことを確認したうえで、次の抜粋を見てほしい。

ところで信長は奇妙なばかりに親しく彼（光秀）を用いたが、このたびは、その権力と地位をいっそう誇示すべく、三河の国主（徳川家康）と、甲斐国の主将たちのために饗宴を催すことに決め、その盛大な招宴の接待役を彼に下命した。

これらの催し事の準備について、信長はある密室において明智と語っていたが、元来、逆上しやすく、自らの命令に対して反対（意見）を言われることに耐えられない性質であったので、人々が語るところによれば、彼の好みに合わぬ要件で、明智が言葉を返すと、信長は立ち上がり、怒りをこめ、一度か二度、明智を足蹴にしたということである。だが、それは密かになされたことであり、二人だけの出来事であったので、徐々に民衆の噂に残ることはなかったが、あるいはこのことから明智はなんらかの根拠を作ろうと欲したのかも知れぬし、あるいは（おそらくこの方がより確実だと思われるが）、その過度の利欲と野心が募りに募り、ついにはそれが天下の主になることを彼に望ませるまでになったのかもしれない。

『日本史』は「本能寺の変」が起きた翌年の天正十一年（一五八三年）から十年かけて執筆されている。よって本能寺の変を起こしたとされる光秀が、それならば何故そのようなことをしたのか、著者のルイス・フロイスなりに分析して記しているのだ。

先に紹介した記述に「人を欺くための七十二の方法」というものがあったが、光秀自身が友人たちに吹聴していたとする割には、他の史料にそのような記録が見られない。そのため、この記述の信憑性は疑わしい。

また、信長の光秀に対する暴力的記述から、『日本史』は本能寺の変「怨恨説（脚注1）」の裏付け史料として引用されることも多い。しかしながら、諍《いさか》いの原因について、ルイス・フロイス曰く「信長を喜ばせることは万事に付けて調べている程であり、信長の嗜好や希望に関しては、いささかもこれに逆らうことのないよう心掛け」ている光秀が「彼の好みに合わぬ要件で言葉を返す」とは思えず、この記述は矛盾している。実際に暴力があったかどうかについては、二人の間だけでなされたことを、何故フロイスが知っているのか、と問いたい。要するに、フロイスの考察に関する部分は証拠能力に欠けているのである。

長々と説明してしまったが、ここで注目したいのは「信長はある密室において明智と語っていた」という箇所だ。つまり、二人が密談していたという点である。

これは余人を交えず信長と密談することができる程、光秀が発言権を持っていたということを示している。

密談の重要性について、史料を交えつつ見ていきたい。

密談

越前国朝倉氏の家臣、朝倉宗滴の『朝倉宗滴話記』（脚注2）を採り上げ、密談について考察する。


第六十七条「今考えること」

普通の年寄は、夜は眠れず退屈するということだが、私はそうしたことは全くない。

その訳は、先ず国中について北辺の加賀のことはいうまでもなく、東・南・西の美濃・近江・若狭に対して合戦する策略、あるいは思いがけず御屋形様と二人きりになり国中を敵にまわして合戦に打ち勝つための方策、また加賀のことは勿論のこと、その上隣国へ打って出てそれを切り取るためのはかりごと、そして天下を取って御屋形様を在京させるための戦略と戦術、これらをいつもいろいろと思案している間に夜を明かしているので、一段と気が紛れて心を打ち込んでいるのは言葉で言いつくせないほどであるから、少しも退屈なことはない。

さて、ここで朝倉宗滴は「思いがけず御屋形様（朝倉氏当主）と二人きりになり」と記している。宗滴は朝倉氏の一族であるうえ、朝倉貞景・孝景・義景と三代に渡って朝倉家を支えた実績のある重臣である。その宗滴ですら、偶然二人になったのだという説明を欠かさなかった。

発言力を持っていて然るべき者ですら、意図した密談ではないと弁明せねばならない。それがこの時代の組織のあり方だったように思う。

織田家の家臣になったばかりの光秀が、やすやすと主君と密談ができるというのは、通常大変おかしなことだったのではなかろうか。

信長の実力主義は、織田政権の大きな落とし穴だったように思えてならない。

◆光秀の権限

再び朝倉氏の史料から初代朝倉家当主朝倉孝景の『朝倉孝景条々』をもとに、能力による人材登用についで考察したい。

第一条・朝倉の家では宿老を一定に定めてはならない。彼自身の能力と忠節により登用せよ。
第二条・代々その役職についてきたというそれだけの理由で軍奉公や奉公職を任じてはならない。

完全な世襲ではなく、実力を考慮して人事を定めるよう心掛けられていたことがうかがえる家訓だ。ところが、朝倉氏が能力による人材雇用を行っていたことはあまり知られていない。朝倉氏の家臣が国を任され、主君を凌ぐ立派な城を建てたということもなかった。先述した朝倉宗滴は三代に渡って朝倉家を支えていたが、それでも主君とは常に慎重に関わっている様子だ。

一方、信長の実力主義はどうだっただろうか。

後に光秀が作った『明智光秀家中軍法』には「奮起して抜群の功績を挙げた者は、必ず信長に報告し取り立てることを約束する」とある。信長のために熱心に奉仕すれば取り立ててもらえるわけであるが、重要なのは、それを光秀が約束できる程、光秀が権限を持っていたことである。

信長の人材雇用に、光秀は関与できたのだ。そしてそれを信長が許していた。ほとんどすべての織田家臣から快く思われていなかった、余所者の光秀を重用する、信長。

ほとんどすべての織田家臣が信長の采配を快く思っていなかった、ということと、意味は同じであろう。

（脚注1） 信長が光秀に暴力を振るったり、面目を潰したり、光秀の親族を見殺しにしたりしたことを光秀が恨んで本能寺の変を起こしたとする、本能寺の変の原因についての考察の一説。

江戸時代、物語や歌舞伎などで本能寺の変を起こす動機として頻繁に採用された。しかし怨恨説を取り上げている文献、史料は総じてその内容が史実と異なるか、もしくは不明瞭であり、信憑性に欠けている。


（脚注2） 『朝倉宗滴話記』は、初代朝倉家当主朝倉孝景の末子である朝倉宗滴の談じたことを祐筆の萩原宗俊が記したもので、成立は宗滴が亡くなった後の永禄三年（一五六〇年）頃とされている。

福井県立一乗谷朝倉氏遺跡資料館『朝倉氏の家訓』より、訳文を抜粋させていただいた。

◆注

［1］ 小和田哲男『集中講義　織田信長』（新潮社、二〇〇六年）

第八節 ◆ 後期信長包囲網

◈ 武田氏とも敵対

元亀三年（一五七二年）三月五日、信長は近江国へ出陣し、翌日横山に着陣する。十一日には木戸・田中両城を攻めるため、光秀・丹羽長秀・中川重政に守備させる［1］。

翌日、軍勢七百を率いて信長が上洛し妙覚寺に宿泊した時、光秀が信長の奏者になっている［2］。奏者とは身分の高い人に取り次ぎをする側近のことだ。古くから信長に仕えていた丹羽長秀や中川重政をさしおいて、光秀が奏者をしていることになる。

七月二十一日、信長は近江国の浅井氏討伐のために小谷城へ向かう。この時、信長の嫡男信忠が初陣として出馬している。これを後押しするように、羽柴秀吉は阿閉貞征《あつじさだゆき》の居城である山本山城へ向かい、麓を放火し足軽五十人余りを討ち取った。信長はこの働きに対する褒美を与えたらしいのだが、何をもらったのかは定かではない。一方、光秀は建造した「囲舟」で出撃し、火矢・大筒・鉄砲を用いて一揆勢を殲滅させ、琵琶湖を制圧して回った［3］。

二十九日、朝倉義景の援軍一万五千が虎御前山に到着する。これによって戦線は膠着状態となった［4］。

九月十六日、信長、信忠父子は岐阜に戻る［5］。

この月、信長は足利義昭の政治の不手際に対する「十七条の意見書」を提出する。金に関する事細かな指摘を多く論《あげつら》った後（脚注1）、「欲に耽り、足利義教（恐怖政治を行ったといわれ、謀叛によって殺された六代将軍）のような悪しき御所だと百姓たちまで批判している」と締めくくっている［6］。現代になって、信長と義教の所業がそっくりであると比較検討する向きがあるが、当の信長は義教を悪い前例のお手本のように扱っており、とにかく嫌っている。

十二月二十二日、三河国三方ヶ原で織田・徳川軍が武田軍に敗北する。信長は援軍として徳川家康のもとに、佐久間信盛・水野信元・平手汎秀《ひろひで》（信長の後見人であった平手政秀の孫）を大将とした三千の兵を派遣していたが、信盛・信元は敗退し、汎秀は討死した。朝倉・浅井軍への対策をとる必要もあった状況から考えると、家康のもとへ三千の兵しか派遣できなかったと見るべきだろうか［7］。

◆吉田家の発言

元亀四年（一五七三年）二月六日、足利義昭から光秀の部下として派遣されていた山本対馬守・磯谷久次・渡辺宮内少輔が光秀を裏切る［8］。この動きを後押しする足利義昭は「光秀は正気であるとは思えない」とする書状を朝倉氏に出し、光秀打倒のための援軍を要請したうえ［9］、甲斐国の武田氏や本願寺勢、伊賀・甲賀衆をも味方にし、石山・今堅田に築いた城に兵糧を蓄えて挙兵する［10］。

これに対し信長は、石山・今堅田に、光秀・柴田勝家・丹羽長秀らを派遣する。この時光秀は、囲舟で先陣を切って今堅田を攻めた［11］。

三月二十九日、信長は京都の知恩院に布陣し、対する足利義昭は幕府御所に布陣する［12］。翌日、義昭は織田家の京都代官を務めていた村井貞勝邸を包囲している［13］。

この時、足利義昭の家臣であった細川藤孝と荒木村重が寝返り、信長側に味方した。信長は、褒美として刀を与えている［14］。

四月一日、信長は挙兵した足利義昭に対する対策をとろうとしたが、「南都が滅びれば災いが発生する」という吉田兼見の父兼右の発言が気になり思い切った行動が取れずにいた。そのため兼見を訪ね、兼右の発言の真偽を問う。発言は根拠のないものであると聞いた信長は安心し、京都に放火する決断を下す［15］。すでに述べたことであるが、信長はこのような迷信を気にする人なのだ。

四日、放火を目の当たりにした足利義昭は信長に和睦を申し入れ［16］、二十七日、ひとまず和睦が成立する〔17〕。

◆足利義昭の追放

五月十五日、信長は佐和山城にいる丹羽長秀に「大船」の建造を命じ、信長自身も佐和山を訪れる。吉田兼見が信長を訪ねると、信長は大船を建造している小松原の浜におり、炎天下のもとでの謁見となった〔18〕。

この大船は三千から五千の兵を一気に輸送することを想定して造ったものであるらしく、全長三十間(約五五メートル)、幅七間(約一三メートル)で、百挺の櫓《ろ》を用いて動かしたという。ここに書かれている寸法だけでは、そのような大人数の輸送は困難だと思われるが、『日本史』によれば前と後ろに船楼が備え付けられていたということなので、高さもあったのだろう。

七月三日、和議を結んだはずの足利義昭が京都二条城から山城国の槙島城に移り、再び信長に敵対する〔19〕。

これに対して信長は、五日に完成したばかりの大船をさっそく利用して、六日に佐和山から坂本へ移動する。この日風が強く、渡航が難しかったようだが、それでも信長は大船に乗り坂本までやって来た〔20〕。建造した船を、どうしても使いたかったとみえる。

坂本に渡った信長は、そこで一泊した後九日には上洛して妙覚寺に布陣し、二条城を包囲する。二条城は幕臣の三淵藤英らが守備していたが、柴田勝家に降伏を勧められ、十二日に開城された［21］。

十六日、信長は槙島城を取り囲み、十八日には焼き打ちを行って、ついに足利義昭を降伏させる［22］。

大船建造を眺めた浜。

二十六日、信長は大船を使った水路と、陸からの攻撃によって、近江の反信長勢力の拠点となっていた木戸・田中両城を攻め落とし、両城ともを光秀に与える［23］。

さらに、残された足利家の家臣たち（旧幕臣と呼ぶ）を、光秀の配下に加える。その中にはかつて光秀が仕えていた細川藤孝も含まれており、両者の立場は逆転したのである。

足利義昭を追放した信長は、ただちに年号を元亀から天正に改元している。

◈その後の大船

余談ではあるが、信長が建造させた大船は、七月六日に渡航の難しいなか坂本へ渡った時と、二十七日に木戸・田中城を攻めた時以降、使われることはなくなる。そして天正四年十一月四日には解体され、快速船十隻になっている〔24〕。

琵琶湖は淡水であるため海よりも浮力が少なく、そのうえ水位の変動が激しいために、巨大な船では座礁する危険性が高かった。建造したのはいいが、有効に使えないことに気付いたのだろう。

信長のアイデアはわりと大味で、とりあえず作ってみて、ダメだったら辞めるというスタンスがある。信長が十代の頃開発させた三間や三間半（約六メートル四〇センチ）の柄の長い槍も〔25〕、実際に使ってみて実戦では使い物にならないことに気付いている。

ただこのように、何かアイデアがあれば作って試してみるという姿勢が信長にはあったのだ。こういった信長の実験的精神のおかげで、光秀の設計した城や囲舟などが形となり、日の目を見るに至ったのかもしれない。

（脚注1）　「元亀という年号は不吉なので朝廷側としては改元したいのに、幕府はその費用を献上しようとしていない」「光秀が渡した金を取り上げた」「蓄えた米で金銀を買っているようだが、商売をする将軍など聞いたことがない」

注

［1］太田牛一著、桑田忠親校注『信長公記』（人物往来社、一九六五年）
［2］吉田兼見著、斎木一馬・染谷光広校訂『兼見卿記』（続群書類従完成会、一九七一年）
［3］太田牛一著、桑田忠親校注、前掲註［1］
［4］同右
［5］同右
［6］同右
［7］同右
［8］吉田兼見著、斎木一馬・染谷光広校訂 前掲註［2］
［9］高柳光寿『明智光秀』（吉川弘文館、二〇〇五年）
［10］太田牛一著、桑田忠親校注 前掲註［1］
［11］同右
［12］吉田兼見著、斎木一馬・染谷光広校訂、前掲註［2］
［13］『御湯殿上日記』（東京大学史料編纂所　編纂『大日本史料 第10編』東京大学史料編纂所データベース）
［14］太田牛一著、桑田忠親校注、前掲註［1］
［15］吉田兼見著、斎木一馬・染谷光広校訂、前掲註［2］
［16］太田牛一著、桑田忠親校注、前掲註［1］

〔17〕吉田兼見著、斎木一馬・染谷光広校訂、前掲註〔2〕
〔18〕同右
〔19〕同右
〔20〕太田牛一著、桑田忠親校注、前掲註〔1〕
〔21〕吉田兼見著、斎木一馬・染谷光広校訂、前掲註〔2〕
〔22〕太田牛一著、桑田忠親校注、前掲註〔1〕
〔23〕同右
〔24〕吉田兼見著、斎木一馬・染谷光広校訂、前掲註〔2〕
〔25〕太田牛一著、桑田忠親校注、前掲註〔1〕

第九節 ◆ 越前・近江攻略

◈ 室町幕府は終わらない

一般に、信長が足利義昭を京都から追放したことで室町幕府は滅びたとされているが、その認識は間違っている。

実質的には信長が政権を握っているが、足利義昭は将軍として健在である。そしていつでも京都に復帰し政治を行う姿勢を見せており、そのために動いてもいる。義昭が将軍として存在している限り、室町幕府は終わってなどいない。一方信長の方も、義昭の嫡男、義尋を「若君様」として庇護しており［1］、将軍家は健在であることをアピールしている。

信長は、室町幕府を滅ぼそうとしていたわけではないのだ。

◆朝倉義景の死

天正元年（一五七三年）八月二日、信長は三好三人衆の一人岩成友通が籠っていた淀城を、信長に降った三淵藤英と細川藤孝に攻めさせ、友通を討ち取る［2］。

十三日、織田軍は夜中に朝倉軍の陣所を急襲する。『信長公記』によると夜襲のために朝倉軍は退却を始めたが、織田軍の先陣を任されていた佐久間信盛・滝川一益・柴田勝家・丹羽長秀・蜂屋頼隆・羽柴秀吉・稲葉良通（一鉄）らは油断しており、追撃を最初に仕掛けたのが信長のみであったため、先陣を任されていた者たちは皆叱責を受けた。この時、信盛は涙を流して「そのように仰せられても、我々ほどの家来は他にはいませんよ」と自賛しながら反論してきたので、信長は「片腹痛いわ」と一喝し、機嫌を悪くしたという。

十八日、織田軍に攻め込まれた朝倉義景は、本拠地である越前国の一乗谷城から逃亡し、二十日、賢松寺にて自害する。義景の首級は朝倉家臣であった朝倉景鏡が信長への恭順の際に持参したという［3］。越前国一乗谷は、朝倉五代百年の間一度も戦の舞台にならなかった。それが今回の織田軍進攻により、ついに滅ん

一乗谷にて。

だのである。

二十八日、近江国の小谷城を攻略した信長は、浅井久政、長政父子の首級を京都へ送り届けた［4］。九月十日、杉谷善住坊が元浅井家臣の磯野員昌に捕獲され、美濃国岐阜へ連行される［5］。善住坊は元亀元年五月十九日に信長を狙撃した六角氏の刺客である。

杉谷善住坊に関しては、不思議な記述が続く。処刑法が残酷なのだ。善住坊は「鋸引《のこび》きの刑」という残酷で時間のかかる処刑法で処刑されている［6］。しかし、信長の行う処刑は通常、斬首、見せしめの必要がある時は磔、人数が多くなると蒸焼きであり、時間をかけてじわじわ処刑するやり方は我々が知る限りこの件のみである。これは信長の行為としては何か異質だ。

◆ 毛利氏の介入と秀吉

十一月五日、河内国若江城にいた足利義昭が、和泉国堺へ移動する。しかし、朝倉氏、浅井氏が相次いで討たれ、戦況がかなり不利になったため大坂周辺にもいられなくなった。九日、堺を出発した義昭は紀伊国へ向かう。この時、紀伊国へ身を寄せるよう進言していたのは、安芸国の毛利氏であった。

毛利氏の意向を伝え、足利義昭と直接交渉を行っていたのは、毛利氏の外交官を務めていた安国寺の禅僧安国寺恵瓊《えけい》である。安国寺という寺は、臨済宗の僧夢想疎石《むそうそせき》の助言に従い、足利尊氏が全国に建立させたという寺で、室町幕府の支配領域の象徴であった。恵瓊は義昭の帰洛について信長側と交渉したようで、十二月十二日付の書状にその大まかな内容が記されている。この恵瓊書状を織田方の人物評中心に纏めてみた。

足利義昭の帰洛の件について信長と交渉するために京都へ着き、翌日に羽柴秀吉と朝山日乗（信長の外交僧）と共に堺へ行き、義昭様と話し合いをしました。

義昭様は「信長側から人質を取らなければならない」と強硬な姿勢でいたために交渉は難航していましたが、分別のある秀吉は「そのような強硬な姿勢では交渉成立は無理です。信長様には義昭様の行方が不明であると報告するので、義昭様は早々にいずこなりとも行かれればよいでしょう」と述べて大阪へ帰りました。

私と日乗は残り、義昭様に無条件で帰洛するように勧めました。

日乗は立ち回りが上手で、昔の周公旦や太公望に似ています。今のままなら芸州のためになると思います。義昭様との交渉がうまくいったのも彼の手腕のおかげですが、注意を要する人物でもあります。日乗は秀吉などの取り次ぎにしなくてはなりません。このことからご推察ください。

信長の世は、残り三年か五年しか持たないと思います。来年には信長は公家になっているかもしれませんが、その後は高転びにあおのけに転落されます。

家臣の秀吉は大した人物です。お目にかかったときに全て話します。

信長を快く思っていないことは確かだ。反面、羽柴秀吉と朝山日乗を高く評価し、特に秀吉に関しては、とても芸州（安芸国のこと。毛利氏の領国）のためになる分別の良い人物として評価している。

なにしろ、信長の転落を必須と見ながら、羽柴秀吉を信長とは関係なく評価するのであるから、まるで秀吉は信長の転落と関係ない立場にあるようではないか。とすると、秀吉は信長と政治的姿勢を共にしておらず、現時点ですでに毛利氏の国益にかなう姿勢を示しており、何かあればすぐ信長から離反する体制を取っていたと推測することができる。その手始めに、足利義昭の行方について、信長には虚偽の報告をするつもりらしい。行方不明という報告は、信長にとって無益な情報だ。

朝山日乗について見てみよう。

朝山日乗は出雲出身で毛利氏に仕え、僧になり上洛した後、朝廷に入った。信長が上洛した時、朝廷が信長との仲介者として起用しているが、先に示した書状では羽柴秀吉ほどは信頼されていない。もともと毛利氏と関わりを持っていた日乗よりも秀吉の方が信任されており、毛利氏は今後も、表向きは日乗を介して秀吉と連絡を取るつもりでいるらしい。

この書状はよく、「後の本能寺の変と、その後の羽柴秀吉の台頭を予見した」という触れ込みで採り上げられているが、これは預言の書ではない。現時点で、信長の世を四年前後で終わらせる策略があったからこそ、このように書かれている。そしてその策略に羽柴秀吉が関与していることがわかるのである。

◆次なる展開

天正二年（一五七四年）元日、信長は岐阜城で正月の酒宴を行った［7］。京都周辺の者達（他国衆）が退出した後は、残った馬廻り衆達と信長で祝勝会が開かれたという。その時酒の肴として出されたのが、朝倉義景と浅井親子の頭蓋骨を薄濃《はくだみ》にしたものであった。薄濃とは、漆を塗って金粉で飾ったものである。これをもって現代人は信長を残忍だと認識するのだが、『信長公記』には、この度の信長の行為に家臣たちが恐れおののいたなどということは書かれていない。現代人から見て残酷でも、当時の人が何とも思っていないなら、歴史解釈としてはごく普通のこととして扱うべきだ。しかしそれよりも気になるのは、そもそも下戸の信長が酒宴を行ったことである。また、この日酒宴が行われたということを裏付ける他の史料も見当たらない。信長の酒宴に関する今回の記述は、少々疑わしいように思う。

正月八日、反逆していた松永久秀が天下無双の名刀といわれている、不動国行の太刀を携えて岐阜城を訪れた。信長は久秀を赦免し、大和国にある久秀の居城多聞山城に山本対馬守を入れた後、光秀に城番をさせている［8］。

二十七日、甲斐国の武田勝頼が美濃国へ侵攻し、明智城を攻撃し始めた。これに対して信長は援軍を派遣し、信忠と共に自ら救援に駆け付ける。だが、城内から武田軍へ寝返る者がいたため、明智城は武田軍に攻略される［9］。明智城主遠山景行や小里城主小里光忠らは武田軍と戦い討死。信長はこれを奪還するため、鶴ヶ城に河尻秀隆を、小里城に池田恒興を城番として入れ、修築を命じて岐阜へと戻っている。以後、信忠が武田軍の抑えとして東美濃衆を束ねることになった。

◆蘭奢待

三月十七日、信長は上洛し相国寺に寄宿する。そして大和国東大寺の正倉院に保管されている「蘭奢《らんじゃ》待《たい》」を所望する旨を正親町天皇へ伝えた〔10〕。

蘭奢待とは、聖武天皇の時代に中国から輸入された名香木である。これまで、この香木の切り取りを公に許された者は、足利義満と足利義政のみであった。従って信長が蘭奢待を切り取ることで、織田の権力が足利の権力と同等であることを示す狙いがあったように思われる。

蘭奢待の切り取りは二十八日、多聞山城にて行われた〔11〕。

この時の「御奉行」は原田直政・菅屋長頼・佐久間信盛・柴田勝家・丹羽長秀・蜂屋頼隆・荒木村重・武井夕庵・松井友閑、そして織田信澄《のぶずみ》であった〔12〕。

この、信澄という人物は家督争いの中で信長に殺された弟信行の子供である。柴田勝家に養育され、仇敵の子供でありながら信忠ら信長の実の子供達と同等の扱いを受けており、『多聞院日記』では信澄を「一段逸物也（極めて優れた人物）」と高く評価している。

信澄はこの年に光秀の娘を娶っており、光秀と縁戚関係を結ぶことになった。織田家と縁戚関係を結んだ光秀は、京都の光秀屋敷に「御成りの間」という、信長の宿泊所を設けている[13]。

◆散在する本願寺勢力

四月三日、本願寺顕如が信長に敵対する姿勢を示したので、信長は軍を派遣。先発として河内国へ向かった[14]。

十三日には六角義賢、義治がいる近江国石部城を陥落させ、城には佐久間信盛を入れる。義賢らは雨夜にまぎれて城を脱出していたようだ[15]。負けて屈する前に逃亡し身を潜めつつ再起を図るのは、六角氏の常套手段となっている。

七月十三日、信長と信忠は伊勢国河内長島での一揆を鎮圧するために出陣[16]。一方、二十日、光秀と荒木村重は摂津国中島の一揆で本願寺勢と衝突し、村重の軍は半分以上の討ち死にを出したが、一揆衆を撃退した[17]。

二十九日付の文書では、光秀の書状による戦況報告が詳細で、光景が見えるようだったことを信長が褒め讃える。そして信長自身も光秀に戦況を報告。それによると長島の一揆衆は、食糧が欠乏している様子なので城が落ちるのは時間の問題とのことであった[18]。

光秀が摂津国の一揆を撃退し、信長が長島の一揆衆と対峙している間、羽柴秀吉は越前国敦賀にある木ノ芽峠城の守備を命じられていた。しかし、この城は一揆衆に奪われてしまう[19]。

九月十七日、光秀は、佐久間信盛、細川藤孝と共に河内国の三好軍と一揆衆を撃破する[20]。

約束破り

この頃、しばらく城を囲んだままの状態が続いていた信長の戦況が動いている。九月二十九日、このままでは落城を待つばかりと踏んだ捨て身の一揆衆が城から脱出し、取り囲む織田陣営へ強行突破を図ったのだ。織田勢は城から出てくる一揆衆に対し鉄砲で応戦したが、捨て身になった裸の者達が抜刀して襲いかかってきたため甚大な被害が出ている[21]。

ところで、一般的にはこの時、信長が一揆衆を騙し討ちにしたと認識されている。つまり、信長が一揆衆の詫び言に応じたフリをして兵を退去させたと見せかけ、城から出てきた一揆衆を撃ちまくったというものだ。『信長公記』には「一揆衆が佗言を言って退いた」とあるが、信長がそれを「承知した」とは書いていない。

そもそも、信長は「城が落ちるのは時間の問題だ」と今後の見通しを光秀に報告していた。どうしてここで騙し討ちを画策しなければならないのだろうか。城を囲んでさえいれば安全に勝てたのだから、わざわざ一揆衆を城外に出して撃つ必要などない。信長の卑劣な作戦として伝わるこの騙し討ちであるが、その実体は「一揆衆の捨て身の脱走」だったと考えられる。

信長は以前、浅井氏が謀叛した時も「信長が約束を守らず無断で越前を攻めた」と、してもいない約束破りを指摘されていた。信長はこのように、いくつもの約束破りの汚名を着せられている。

その後信長は長島にある中江城・屋長島城に籠る一揆衆二万人を焼き殺し、その日の内に美濃国に帰るとある［22］。一揆衆二万人という大量の人間を殺害したのは、一揆衆の首謀者が誰なのかわからなかったからだと思われる。比叡山焼き討ちの比ではない死亡者数に悲劇として語り継がれてもよい出来事とも思えるが、何故かこちらの焼き討ちが大きく取りあげられることはない。

◆前代末聞で滅亡する

天正三年（一五七五年）三月二十三日、信長は原田直政を大和国の守護に任命する。『多聞院日記』では、これは前代未聞のことであり、大和国と寺社は滅亡すると懸念している。ずいぶんな言われようであった。

大和国の代表的な勢力としては、松永久秀と筒井順慶が挙げられる。この時信長の勢力に両方ともが加わっていたが、久秀は昨年の正月に信長から赦免《しゃめん》されたばかりであり、大和国を任せるのには信頼がおけないためか、その後は翌年の四月まで活動した記録が残っていない［23］。

一方、筒井順慶は昨年の七月に家臣の箸尾為綱に離反されたり、この年の正月に大和国人の古市という者に属城の長井城を落とされたり、本拠地である筒井城まで攻撃を受けたりしており、大和国を治めることができていなかった［24］。そのため信長は自分の家臣の中から原田直政を派遣し、大和国を治めようとしたのである。

大和国と寺社が滅亡すると懸念しているのは、大和国の治世に縁もゆかりもない信長が関与することを嫌がっているからだ。例えばこの時筒井順慶が守護に選ばれたなら、順慶の一族は代々興福寺の宗徒であったため興福寺多聞院主の英俊にとって身内に近く［25］、安心感があっただろう。

◆長篠の戦い

四月四日、光秀が二千の兵を率いて河内国へ出陣し、信長自身も六日に一万余りの兵を率いて河内国へ向かっている［26］。目標はいつものように本願寺である。今回は機内近国から合わせて十万余りの兵が集結したというから大々的な戦だ。

この時の戦により、河内国高屋城にいた三好康長が信長に下り、河内の城を悉く《ことごと》破却することができた。大成果をあげて信長は京都に戻り、二十八日には光秀の所有する快速船に乗って坂本から安土の常楽寺へ移動し、その後は風の影響から陸路を用いて佐和山経由で岐阜城へ戻った［27］。

その頃、甲斐国の武田勝頼が遠江国長篠城へ進攻する。これを受けて信長は、五月十三日、岐阜城から出陣した[28]。『信長公記』によれば、この日信長は尾張国の熱田に布陣している。おそらく戦勝祈願に来たのであろう。しかし熱田神社が荒廃していたため、岡部又右衛門という大工に造営を命じている。くどいようだが信長は神を祀る場所をとても大切にしている。

五月二十一日、『信長公記』によると、信長は三河国のあるみ原で、連子川を挟んで武田軍と交戦し、鉄砲千挺《ちょう》程（一般にいわれている「三千挺」とは記されていない）で迎撃する（一般にいわれている「三段の構え」で発砲したとも記されていない）。武田軍は壊滅的な被害を受け、鳳来山へ逃亡する。

三河国の長篠城救援に成功した「長篠の戦い」は有名だが、過大評価され過ぎている戦いでもある。織田・徳川軍は三万八千と武田軍の一万五千に対し圧倒的に数で勝っており、常識的に考えて、普通に勝てる戦いである。

この戦いで注目すべきことを挙げるなら、編成された織田軍の鉄砲隊が寄せ集めの軍勢だったことではないかと思う[29]。通常の軍は武将ごとに槍や弓、鉄砲を持った部隊を編成し、その武将の指示に従って槍隊、弓隊、鉄砲隊が動くことになっていた。ところが、

長篠。

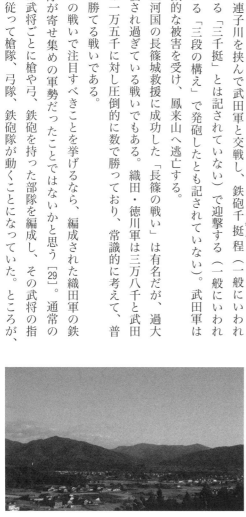

この時信長は各武将たちの持つ鉄砲隊のみを集め、数人の指揮官のもとで寄せ集めた鉄砲衆を動かすことにしたようだ。これによって鉄砲隊以外の兵を連れてくる必要がなくなり、兵の移動によるコストや、出陣によって各武将の領地の守りが手薄になる危険性を減らすことができた。寄せ集めの軍勢を、臨時の指揮官に指揮させるやり方は斬新だったと思われる。

また、徳川家康の家臣酒井忠次の働きは、もっと評価されるべきではなかろうか。忠次は自身の兵二千に、信長から信長の馬廻り千五百と鉄砲五百挺を預かると、別働隊として武田軍を急襲し、包囲されていた長篠城を救援している。その後忠次は武田本陣へと針路を変えたため、挟み打ちの状態になった武田軍は織田・徳川本陣へ突撃して壊滅した［30］。忠次の働きは作戦の要であったはずだ。

◈ 丹波国へ

六月、光秀は信長から丹波地方の攻略を命じられ、戦の全主導権を握る総大将に任命される。

信長が七日付で丹波国の川勝継氏という者に宛てた文書によれば、丹波国の守護代である内藤氏と、それに従う宇津頼重について、永禄十二年（一五六九年）正月に本圀寺が襲撃された件で三好勢に加担し、今になっても信長に従わない様子なので、光秀を派遣して誅伐すると通達。光秀に協力すれば身の上を保証するとのことであった［31］。

さらに、十七日付で丹波国の小畠左馬助という者に宛てた文書には、「光秀を派遣した。丹波の豪族達は早く信長に忠節を示すように」と脅し、信長に従わない内藤や宇津氏に味方すれば成敗すると通達している。左馬助はすぐさま信長に忠節を誓ったようで、二日後には光秀から、信長の御朱印により知行安堵がなされたことや、働き次第では領地加増もあることが告げられている[32]。

二十六日、信長は近江国の佐和山城にて休息を取った後、小姓衆五〜六名を連れて快速船に乗って坂本へ渡り、翌日上洛している[33]。くどいようだが信長は、頻繁に少人数で動いている。

七月三日、信長は朝廷から官職を授かるように勧められたが、これを辞退して代わりに家臣達に官職を授けるように願い出た。その結果松井友閑は宮内卿法印、武井夕庵は二位法印、光秀は惟任日向守、梁田政次は別喜右近、丹羽長秀は惟住姓というように、名族の姓か官職名が授けられている[34]。

七月十二日、信長は瀬田にある瀬田橋の架け替えを命じた。新しい橋は幅四間（約七メートル）、長さ百八十間（約三三〇メートル）という大掛かりなものであった。この橋は三カ月かかって築かれている[35]。

◆家督を譲る

八月十二日、越前国の一揆を鎮圧するため、岐阜城から信長が出陣[36]。十五日、光秀と羽柴秀吉が越前国府中へ攻め込み、翌日には信長が追撃を行っている。これは織田軍の圧勝であった[37]。

九月二日、越前国の北ノ庄に柴田勝家を置き、府中に佐々成政・前田利家・不破光治を目付として置くことで、越前国を織田家の領地として管理する体制を作った[38]。目付とは監視役のことで、働きを監視し主君に報告する役目を負っている。信長は自分の馬廻りから目付役を選んでいたようだ。

その後、織田軍は武田軍に占領されていた領地を奪還すべく動き、十一月には美濃国にある岩村城を取り返すことに成功した[39]。そのため小里城など、付城として普請していた周辺の城は完成させる必要がなくなり、作業途中で放棄することになった。

十月二十六日、信長は土佐国の長宗我部元親の息子に対して、自分の名前の「信」を与え信親と名乗ることを許し、その詳細を光秀に伝達させている[40]。

十一月四日、信長は従三位権大納言に叙任される。さらに七日には右近衛大将を兼任することになり、信長は公卿（三位以上の官位を持つ者）として朝廷の政治に関わることが認められた[41]。この右近衛大将という官職は、源頼朝が任官して以来中世の武家にとって重要なものであり、ここで正式に武家の棟梁として信長が認められたといえる。

安土城址。

二十八日、信長は嫡男の信忠に岐阜城を与え、家督を譲り渡した。家督を巡る内乱を避ける対策として、早い時期から次の権力者を決定させておくことは有効である。

そして、信長自身は佐久間信盛の屋敷へ、茶道具だけを持って居候する[42]。

年が明けて天正四年（一五七六年）正月中旬、信長は近江国の安土山に城を築き始め[43]、翌月二十四日、建造中の安土城に移り住んだ[44]。

◇注

[1] 奥野高廣『増訂織田信長文書の研究』（吉川弘文館、二〇〇七年）
[2] 太田牛一著、桑田忠親校注『信長公記』（人物往来社、一九六五年）
[3] 同右
[4] 同右
[5] 山科言継著、国書刊行会編纂『言継卿記』（続群書類従完成会、一九九八年）
[6] 太田牛一著、桑田忠親校注、前掲註[2]
[7] 同右
[8] 多聞院英俊著、辻善之助編『多聞院日記』（角川書店、一九六七年）
[9] 太田牛一著、桑田忠親校注、前掲註[2]
[10] 同右

［11］同右
［12］同右
［13］桑田忠親『明智光秀』（講談社、一九八三年）
［14］太田牛一著、桑田忠親校注、前掲註［2］
［15］同右
［16］同右
［17］多聞院英俊著、辻善之助編、前掲註［8］
［18］奥野高廣、前掲註［1］
［19］太田牛一著、桑田忠親校注、前掲註［2］
［20］奥野高廣、前掲註［1］
［21］太田牛一著、桑田忠親校注、前掲註［2］
［22］同右
［23］谷口克広著、高木昭作監修『織田信長家臣人名辞典』（吉川弘文館、一九九五年）
［24］多聞院英俊著、辻善之助編、前掲註［8］
［25］谷口克広著、高木昭作監修、前掲註［23］
［26］吉田兼見著、斎木一馬・染谷光広校訂『兼見卿記』（続群書類従完成会、一九七一年）
［27］太田牛一著、桑田忠親校注、前掲註［2］
［28］吉田兼見著、斎木一馬・染谷光広校訂、前掲註［26］
［29］藤本正行『信長の戦争』（講談社、二〇〇四年）

〔30〕太田牛一著、桑田忠親校注、前掲註〔2〕
〔31〕奥野高廣、前掲註〔1〕
〔32〕同右
〔33〕太田牛一著、桑田忠親校注、前掲註〔2〕
〔34〕同右
〔35〕同右
〔36〕同右
〔37〕同右
〔38〕同右
〔39〕同右
〔40〕奥野高廣、前掲註〔1〕
〔41〕経済雑誌社編『国史大系・第10巻　公卿補任中編』（国立国会図書館デジタルコレクション、210.08-Ko548-Kk、一八九七―一九〇一年）
〔42〕太田牛一著、桑田忠親校注、前掲註〔2〕
〔43〕同右
〔44〕吉田兼見著、斎木一馬・染谷光広校訂、前掲註〔26〕

第十節 ◆ 相次ぐ離反

◈ 鞆幕府設立

天正四年（一五七六年）、信長によって京を追われた足利義昭は備後国にある鞆《とも》の浦に至る。ここは中国を治める毛利氏の本拠地に近く、なおかつ室町幕府の初代将軍足利尊氏所縁の土地でもあった。ゆえに、義昭はこの地に御所を築いたのである。

こうして設立した「鞆幕府」は、毛利氏の他に京都を逃れてきた幕臣や信長に敵対し逃げ延びた者達で構成されており、周辺の豪族による献上品や「鞆幕府」直轄地からの税収等で切り盛りしていたことがわかっている［1］。

◆天王寺砦救出戦

五月三日、本願寺勢が大和国を治めていた原田直政を討ち、さらに光秀が守備していた天王寺砦を包囲する［2］。

七日、本願寺勢一万五千に包囲された天王寺砦に、信長は三千の織田勢で突撃した［3］。この時、先陣を命じられた荒木村重がそれを拒み、木津口の抑えになると言って離脱している。

二年後、荒木村重は信長に謀叛を起こすことになる。謀叛を知った信長は、すぐさま村重が突撃を拒んだことを思い出し、「あの時村重を先陣にしなくてよかった」と言ったそうだ［4］。

この戦で原田直政が討死したため、大和国は筒井順慶が治めることとなる。そしてなぜか、信長の命で直政の家臣らが捕縛されている［5］。理由はよくわかっていないが、直政が大和国を治めることを「前代未聞で滅亡する」などと悲観視していた興福寺にとって、順慶の就任はひとまず安心材料になったように思われる。

また、取り戻した天王寺砦には佐久間信盛を筆頭に、佐久間信栄、大和国の松永久秀、久通、尾張国の水野忠重、近江国の進藤賢盛、池田景雄、山岡景宗、青地元珍《もとたか》らを定番として守備にあたらせ、砦の周囲にも新たに十か所の支城を築いている［6］。加えて和泉国の真鍋七五三兵衛《しめのひょうえ》と沼野任世を海上の警備にあたらせた。和泉国の取り次ぎは信盛が行っている［7］。

雑賀攻め

天正五年（一五七七年）二月十三日、信長は紀伊国の雑賀衆を討伐するために、大軍を率いて出陣した。その数は『兼見卿記』では十万、『多聞院日記』では十五万と記されていることから、全力で潰しにかかったことがうかがえる。この時、同じ紀伊国の根来衆はすでに織田軍に味方しており、以後も織田軍として活躍することとなる。

雑賀への進攻は、山側と海側の二つに軍を分けて行われ、海側からは織田一族（信長・信忠・信雄・信孝）・光秀・滝川一益・丹羽長秀・筒井順慶・細川藤孝が進攻していた。

一方、山側を進む羽柴秀吉・佐久間信盛・荒木村重・別所長治・堀秀政は、小雑賀川を渡る際に一揆衆の鉄砲による襲撃を受け、損害を受けている［8］。

信長は三月一日から雑賀衆の鈴木重秀（雑賀孫一）の居城を攻め、十五日に重秀を含めた頭目達に降伏の文書を書かせることで終了する［9］。その後雑賀に光秀を置いて、戦後処理や内政を任せた。

六月十二日、雑賀衆は光秀から信長に謁見するための上洛の指示と、和泉国・河内国への出撃の催促、知行についてなどの通達を受けている［10］。

◆上杉氏の参戦と、秀吉、松永氏の離反

閏七月、信長は京都の宿舎や役所を兼ねて建設した二条御新造に入居する[11]。

八月八日、信長は本願寺に内応して上洛の気配を見せる越後国の上杉謙信に備えるため、加賀国に柴田勝家を総大将とする軍を派遣する。勝家の下には滝川一益・丹羽長秀・稲葉一鉄・羽柴秀吉がつけられた。しかし、秀吉は無断で戦線から離れ、帰陣する[12]。

羽柴秀吉の行動を知った信長は、対処に困るほど憤慨。この後九月十三日に上杉軍と衝突した柴田軍は、敗北する[13]。

八月十七日、天王寺砦にいた松永久秀、久通父子が、上杉軍の動きに乗じて無断で砦を離脱し、大和国の信貴山城に帰陣して籠城を始める[14]。

九月二十二日、信長は松永氏の謀叛を言語道断のこととし、大和国の者達が彼らに味方するような同罪であると怒りをあらわに討伐を決定した[15]。九月二十四日入京した信長は、二条御新造に入り、二十九日、信貴山城に向けて、嫡男信忠を総大将とする軍を派遣する。

その先陣として派遣された光秀・細川藤孝・筒井順慶は、十月一日、信貴山城の属城である片岡城を攻め落とした[16]。その際、明智軍に多大な被害が出たようである[17]。三日、信忠の軍が松永久秀の居城である信貴山城を囲み始める。この攻囲には光秀達の他に、加賀から戻ってきた佐久間信盛・丹羽長秀も参加し、さらには信長の逆鱗に触れた羽柴秀吉も加わっている。

この頃の羽柴秀吉は、長浜など要地の一つを任されてはいるものの、大和国という土地において影響力を持っていた松永久秀のような豪族ではなかった。そのため、久秀の裏切り行為は、秀吉の裏切り行為より危険性が高いのだ。加えて、松永氏はこれが信長に対する二度目の謀叛となる。両者の行いは同質のものであるが、松永氏は許されず討伐が決定され、秀吉は彼らの討伐に加わることで忠誠心を試されたと考えられる。

十日、松永久秀、久通父子は自害し、信貴山城は陥落する[18]。

十二日、松永氏を討伐した功績から、信忠は三位中将の位を授かった[19]。

◆播磨国遠征

十月二十三日、信長に播磨方面の攻略を命じられた羽柴秀吉が、京都から播磨国へ向けて出陣する[20]。

十一月二十日、信長は右大臣の位を授かった[21]。右大臣とは、最高位の太政大臣、その下の左大臣に次ぐ役職である。当時は太政大臣の在職者がいなかったため、信長は実質ナンバー2の立場になったわけである。

二十七日、羽柴秀吉は播磨国にある上月城を制圧。城の守備には尼子勝久と山中幸盛（鹿之助）を入れている。『信長公記』によれば、この時毛利側の後巻きとして備前国の宇喜多直家が秀吉軍と衝突し、敗れている。

十二月十日、信長は三河へ鷹狩りに出かけるが、出かける際に羽柴秀吉の中国攻めの褒美として「乙御前の釜」を置いていくので、秀吉が来たら渡しておくようにと指示している[22]。秀吉の働きに対して相応の評価はするが、顔を合わせようとはしなかったということであろうか。

◆判金

天正六年（一五七八年）元旦、年賀の挨拶のために安土城に集まった諸大名を、信長は茶会に招待した[23]。

『信長公記』に記されている参加者を順番に述べていくと、信忠、武井夕庵、林秀貞、滝川一益、細川藤孝、光秀、荒木村重、長谷川与次、羽柴秀吉、丹羽長秀、市橋長利、長谷川宗仁、以上十二名となっており、この時の茶道は松井友閑であった。

ところが、後に羽柴秀吉を持ち上げるために書かれた小瀬甫庵の『信長記』では、光秀が茶会に参加していないことになっている。こういった史料をみると、光秀の価値を落とすために、どのようにして光秀の存在を処理していたのかを知ることができ、興味深い。光秀の名前を排除した甫庵の『信長記』

からは、光秀を排除したいという作為の意図が露骨に伝わってくる。

話を戻して十二日、堺の商人である津田宗及は、坂本で行われた光秀茶会の後、信長に謁見するための着物と御座船を出してもらい、安土へ年賀の挨拶に訪れている。宗及は信長に案内され、安土城内を見物。城内で黄金一万枚程を見たという[24]。

津田宗及が安土城に赴いた時見たという、この「一万枚の判金」は、後に羽柴秀吉によって鋳造されたという大判や小判と言われるものの原型であったと思われる。流通させる前に信長は亡くなってしまったが、大判小判の原型をすでに鋳造していたようであるから、これもまた興味深い[図]。

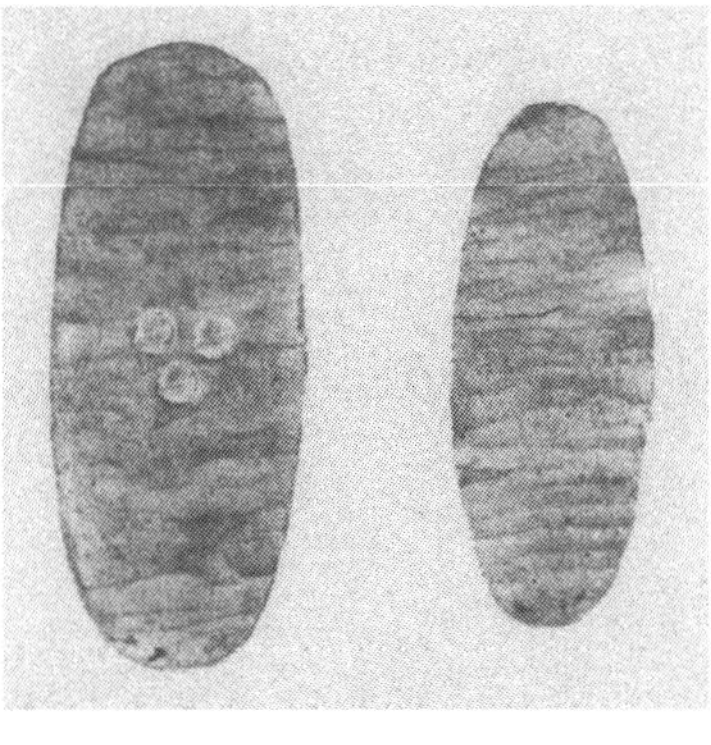

[図]判金（滋賀県立安土城考古博物館『信長と安土城―収蔵品で語る戦国の歴史―』）。

二十九日、安土で火事があった。単身赴任の足軽による火の不始末が原因とわかり、信長は激怒。尾張国内にある単身赴任者の家は全て焼き払うよう信忠に指示を出す[25]。

◆鬱と嘘

二月三日、元浅井氏家臣であった磯野員昌《かずまさ》が逐電（逃亡）する。高野山に出奔したとか、磯野村に蟄居したなどといわれているが、詳細はわからない。『信長公記』には、信長の意思に背き折檻されたことを逐電の原因としているが、どのように背いたのかは記されていない。

三月二十二日付の『黒田文書』（官兵衛と呼ばれている黒田孝高の家系によって保管されていた古文書集）によると、播磨国の三木城主別所長治が離反したため、信長は言語道断と怒りをあらわにしている。その三日後、上京していた信長が朦気《もうき》を病み（鬱《うつ》病）、公家衆との対面は中止になる［26］。相次ぐ裏切りによるストレスだろうか。

しかしながら、この頃おおよそ順調に勝ちを揚げている信長が、何故これほどまでに裏切られるのだろう。さらに、この別所長治の離反に関する羽柴秀吉の報告について『黒田文書』には、堀秀治から信長へ長治離反の件を報告する際に「秀吉に対して不利にならないように詳細に行った」とあり、秀吉が取次役である秀治に根回しを行い、信長に事態をごまかして報告していたことが読みとれる。

かつて（天正元年十二月）、毛利氏の外交官安国寺恵瓊が、「信長の世は、残り三年か五年しか持たないと思います」などと記していたが、その時からおおよそ五年後というのがこの頃である。同時に「羽柴秀吉は大した人物です」と見立てられていた。天正元年頃からすでに、秀吉は毛利氏のためになる人材として評価されており、当時も足利義昭の行方について、秀吉は信長に虚偽の報告を行っていた。

二十七日、『黒田文書』によると、信長は羽柴秀吉の三木城攻撃の予定を鵜呑みにして了承し、援軍の準備があることと、信長自身も出兵の意思があることを伝えている。

四月四日、信忠を大将として本願寺へ向かった光秀は、五日、六日に本願寺を囲みながら苅田を行い帰陣。十日には滝川一益、丹羽長秀と共に、丹波国にある荒木山城を攻め落としている〔27〕。

九日、信長は右大臣と右近衛大将の官位を辞任し、信忠に譲与する意思を表明している〔28〕。

◆竹中重治の報告

四月二十四日付で信長は、播磨国へ向かう織田軍を京都へ召集させることを信忠に通達している。なお信長自身は二十七日に上洛する予定であり、信雄・信孝・信包にも召集をかけることや、諸軍勢は残らず上京するよう厳命すべきことが記されている〔29〕。

二十九日、播磨国へ向けて光秀・滝川一益・丹羽長秀を出陣させ、続いて五月一日に信忠ら織田一族と、細川藤孝・佐久間信盛を出陣させた。信長自身も出陣する気でいたようだが、光秀・一益・信盛・蜂屋頼隆に諌められたために中止となっている。信長自身の出兵によって、中央の守備が手薄になることを恐れたのかもしれない。

五月二十四日、播磨国に派遣されていた竹中重治（半兵衛）が上洛し、信長に状況報告をしている

［30］。この人物は一般に羽柴秀吉の軍師として認識されているようだが、正しくは秀吉に付けられた目付である。秀吉の状況を監視し報告する仕事をしており、信長の家臣であったことがわかっている［31］。

そのすぐ後の二十七日、信長は京都にある羽柴秀吉の屋敷を没収し、近衛前久が移るよう命令する［32］。竹中重治の報告があった直後の今回の処置であるだけに、何か関係性があるように思えるが、屋敷を没収した理由はわかっていない。

屋敷を与えられた近衛前久は、元亀元年に足利義昭から、十三代将軍義輝を殺害した三好勢と親しく、義栄の将軍就任を許可したのではないかと疑われ、京都を追い出された人物である。今回帰洛が叶うが、後に本能寺の変が起きた時、今度は本能寺の変への関与が疑われ、またもや京を追われることになる。原因は、この旧羽柴秀吉の京屋敷が信忠の守備しようとした二条御所の前に建っていたことで、屋敷から二条御所を攻撃したのではないかと責められたのである。この時いただいた屋敷が、今後、思わぬ事態に繋がってしまうのだ。

◆情報錯綜播磨国情勢

六月二十五日、信長が同盟軍である徳川家康へ告げた書状には、「二十一日に播磨国の敵軍を撃破した。これしきのことは物の数にも入らない」と余裕をもって記してある［33］。

播磨方面へ出陣した光秀・信澄・滝川一益らは、播磨・美作・備前の境に位置している上月城を救援するため、近くの三日月山に布陣していた。二十六日には書写山まで陣を退いているので、徳川家康への書状にある「二十一日に撃破した敵」というのは、上月城を囲んでいた毛利軍であったと考えられる。光秀らは二十七日から、別所長治の支城、神吉城の攻略（神吉攻め）に取りかかる。

ところが近くに布陣していたはずの羽柴秀吉はこの戦いに不参加であったらしい。神吉城は櫓からの砲撃の末七月二十日に落城するのだが、その間の七月五日、先ほど救援したばかりの上月城が毛利軍に攻め落とされる。

上月城は、天正五年に羽柴軍が毛利軍から奪い取り、尼子勝久と山中幸盛（鹿之助）を入れ置いた城であった。上月城が再び毛利軍に攻められた時、羽柴秀吉は荒木村重と共に上月城近くの高倉山に布陣していたにもかかわらず、陣を引き払ってしまったという［34］。上月城を守備していた勝久、幸盛は死亡している。

攻め滅ぼされた尼子氏は、かつて安芸・備後国方面に勢力を持ち、毛利氏と対立を繰り返していた氏族であった。毛利元就の政権下で毛利氏に降伏したものの、尼子氏再興を目指す山中幸盛などの尽力があり、信長の支援を得るに至っていた。

それにしてもこの頃の、羽柴秀吉が絡む情報はかなり錯綜している。なかでも上月城陥落に関して、秀吉がこっそり陣を抜け出して信長の下知を聞きに京へ行き、そこで「陣を引き払い、神吉・志方を攻めるように」と言われた、とする話が『信長公記』に記されている。こっそり陣を抜け出したところで曲事であるうえ、何かあればすぐ救援に駆けつけてきた信長が、今回に限って「上月を見捨てる」という下知を下すのもおかしい。

この時の状況について、毛利氏側の家臣が記した覚書によれば、毛利勢が羽柴勢を高倉山の麓まで追い詰め、敗軍した羽柴勢が撤退したため上月城も落とすことができたと記録してある[35]。こっそり陣を抜け出したという『信長公記』の話より、普通に敗軍したというこちらの内容の方がずっと自然だ。もっと穿って推察すれば、毛利氏のためになる人材と評される秀吉が毛利氏に対し敗戦を装い、毛利氏に対抗し続けた尼子氏らを討たせたとみることも可能ではある。

◆九鬼大船

六月二十六日、九鬼嘉隆《くきよしたか》によって伊勢国で開発中であった「大船」が完成し、毛利水軍への警備として堺へ向けて出発する。道中、雑賀・淡輪の抵抗勢力が小舟を用いて攻撃をしかけてきたが、大船から大鉄砲の一斉射撃を行うことで蹴散らしている[36]。この九鬼大船は、光秀の「囲舟」を強化し、信長の「大船」スケールにしたものといえよう。

今回の大船開発は、天正四年に毛利水軍が摂津国木津川口へ攻め寄せ、火器によって織田水軍を破り本願寺に兵糧を運び入れることがあったため、その対策として作られた[37]。

『多聞院日記』によると、この大船は幅七間（約一三メートル）、長さ十二・三間（約二二メートル）で、鉄板張りの船であったという。この記述から、後世の人は九鬼大船を「鉄甲船」などと呼んでおり、鉄板の囲いを付けて船の火災を防ぐこともできるようにしていたと推測している。しかし、この『多聞院日記』の記述はあくまでも伝聞による情報で、多聞院英俊が実際に見て確かめた情報ではないため実際の姿は定かではない。

この船を目撃した、キリスト教宣教師のオルガンチーノの書簡によれば、大船はとても華麗で、大きさは日本で最大級のものであり、ポルトガルの船に似ているとある。また、三門の大砲と精巧で大きな無数の長銃を備えた船とあるので、火力の高い巨大船であることは確かであろう[38]。

七月十日、信長は蜂屋頼隆に対し、大阪湾で封鎖作戦を遂行している九鬼嘉隆の率いる水軍の兵糧が欠乏しているので、兵糧米を送ってやるように指示する[39]。その後、十八日には大阪湾封鎖が完了し、信長は九月二十七日に大船を見物し、十月一日の夜帰京している[40]。

ところが、帰京し二条御新造に戻ると、信長不在時に宝鏡院という人物が来訪して女房衆が遊宴していたことを知り激怒する。翌日、遊興したものの代表として、同朋衆の住阿弥と、女房衆の「さい」という女房が成敗されている[41]。

十一月六日、大船を導入した九鬼水軍は毛利水軍と木津川口で衝突し、船に備えていた大量の大鉄砲で毛利水軍を撃退した[42]。

◆荒木村重の離反

少し戻って十月十七日付の文書によると、織田軍と敵対関係にある本願寺顕如が、摂津国を治めている荒木村重、新五郎父子へ、全三ヶ条の「誓詞」を認め、同盟を要求している。この書状は村重からの通信に対する返書であった［43］。村重父子は信長と敵対関係にある本願寺勢力と密約を交わしていたのである。

二十一日、荒木村重が謀叛との報告が各地から入った［44］。

信長は確認のため松井友閑・光秀・万見重元《まんみしげもと》（仙千代）を使者として荒木村重の元へ行かせた。話し合いでは翻意はないとする村重であったが、人質として母親を出すことや、村重本人が安土に出仕して弁解することは拒んだ。そのため翌月の三日、再び友閑・光秀、そして羽柴秀吉を使者として行かせたが収穫はなく、信長は村重討伐を決意する［45］。

十一月六日、信長は光秀と、信長の側近矢部家定を、滝川一益の陣中見舞いとして派遣した。この日は先に述べた九鬼水軍が毛利水軍を破る日である。信長は一益に、荒木村重が本拠としている有岡城の情報収集を指示［46］。同様の指示は信忠にも出された。

八日、信長は万見重元・堀秀政・菅屋長頼らに有岡城を攻撃させる。この時重元は鉄砲隊を率いて石垣近くまで攻めよせたが、あえなく討死している［47］。重元の戦死については、小瀬甫庵の『信長記』などに、有岡城を攻めるため自ら塀をよじ登ろうとしているところを討たれた等のおかしな記述がある。

そもそも、今まで目付や取次役として働いていた重元が、戦闘員として直接戦闘に参加していること自体不自然だと思うのだが、これ以上の情報は得られない。

九日、信長は摂津国に向けて出陣し、光秀・滝川一益・丹羽長秀等を茨木城へ向かわせ、荒木村重家臣である中川清秀を勧誘した。同時に、同じく村重家臣の高山右近の勧誘に、キリシタンであった右近に合わせて宣教師のオルガンチーノと、信忠・信雄・佐久間信盛・羽柴秀吉・松井友閑そして越前衆等を高槻城へ向かわせ、右近の説得にあたらせることにした［48］。

十四日、織田軍は再び有岡城に対して攻撃を開始する［49］。

同日付で小早川隆景が栗屋元種という豪族に宛てた文書によれば、荒木村重は毛利家に人質を提出し、無二の忠義を表明する血判状を提出したとある。村重は、本願寺勢力だけでなく毛利家とも連絡を取っており、同盟を結んでいたのだ。また、信長が摂津国へ進撃する予定であるということで、村重のために毛利家当主毛利輝元による援軍の派遣が考えられていたらしい［50］。

十六日、高山右近が説得に応じ、信長に降った。さらに二十四日には中川清秀も降ってきたため、信長はこの二人に褒美として金子を贈っている［51］。説得というが、かなりの兵を城へ派遣したようであるから降伏に近いように思う。

十二月三日、有岡城の支城である大矢田城を落とした信長は、堀秀政に有岡城攻めを指示すると、十一日に光秀を佐久間信盛、筒井順慶と共に羽柴秀吉の援軍として播磨国へ向かわせ、道場河原と三本松という二つの拠点を奪わせる。その後、光秀は再び丹波国へ向かった［52］。

有岡城攻めは、この後翌年の十月まで続くことになる。

◇注

［1］藤田達生『謎とき本能寺の変』（講談社、二〇〇四年）
［2］太田牛一著、桑田忠親校注『信長公記』（人物往来社、一九六五年）
［3］同右
［4］同右
［5］多聞院英俊著、辻善之助編『多聞院日記』（角川書店、一九六七年）
［6］太田牛一著、桑田忠親校注、前掲註［2］
［7］奥野高廣『増訂織田信長文書の研究』（吉川弘文館、二〇〇七年）
［8］太田牛一著、桑田忠親校注、前掲註［2］
［9］同右
［10］奥野高廣、前掲註［7］
［11］太田牛一著、桑田忠親校注、前掲註［2］
［12］同右
［13］同右
［14］同右

［15］奥野高廣 前掲註［7］
［16］太田牛一著、桑田忠親校注、前掲註［2］
［17］多聞院英俊著、辻善之助編、前掲註［5］
［18］太田牛一著、桑田忠親校注、前掲註［2］
［19］同右
［20］吉田兼見著、斎木一馬・染谷光広校訂『兼見卿記』（続群書類従完成会、一九七一年）
［21］経済雑誌社編『国史大系・第10巻　公卿補任中編』（国立国会図書館デジタルコレクション、210.08-Ko548-Kk、一八九七―一九〇一年）
［22］太田牛一著、桑田忠親校注、前掲註［2］
［23］同右
［24］永島福太郎編『天王寺屋会記』（淡交社、一九八九年）
［25］太田牛一著、桑田忠親校注、前掲註［2］
［26］吉田兼見著、斎木一馬・染谷光広校訂、前掲註［20］
［27］太田牛一著、桑田忠親校注、前掲註［2］
［28］吉田兼見著、斎木一馬・染谷光広校訂、前掲註［20］
［29］奥野高廣、前掲註［7］
［30］太田牛一著、桑田忠親校注、前掲註［2］
［31］池内昭一『竹中半兵衛のすべて』（新人物往来社、一九九六年）
［32］吉田兼見著、斎木一馬・染谷光広校訂 前掲註［20］

[33] 奥野高廣、前掲註[7]
[34] 太田牛一著、桑田忠親校注、前掲註[2]
[35] 『新修 鳥取市史』(鳥取市役所、一九八三年)
[36] 太田牛一著、桑田忠親校注、前掲註[2]
[37] 同右
[38] 村上直次郎訳、渡辺世祐註『耶蘇会士日本通信』(雄松堂書店、一九六六年)
[39] 奥野高廣、前掲註[7]
[40] 太田牛一著、桑田忠親校注、前掲註[2]
[41] 吉田兼見著、斎木一馬・染谷光広校訂、前掲註[20]
[42] 太田牛一著、桑田忠親校注、前掲註[2]
[43] 武田鏡村『織田信長石山本願寺合戦全史』(KKベストセラーズ、二〇〇三年)
[44] 太田牛一著、桑田忠親校注、前掲註[2]
[45] 同右
[46] 奥野高廣 前掲註[7]
[47] 太田牛一著、桑田忠親校注、前掲註[2]
[48] 同右
[49] 同右
[50] 天下統一期年譜、一五七八年[http://www.cyoueirou.com/_house/nenpyo/syokuho/syokuho12.htm]
[51] 太田牛一著、桑田忠親校注、前掲註[2]

〔52〕同右

第十一節◆天正七年

◈鷹狩り

天正七年（一五七九年）の正月は、荒木村重の籠る有岡城を諸将が包囲していた。そのため年賀の挨拶に安土を訪れたのは、昨年に大阪湾で活躍した九鬼嘉隆のみであった［1］。

正月十一日、津田宗及が安土を訪れたので、信長自身で城内を案内し、七重の天主を見物させている［2］。

二月十八日に上洛して二条御新造に入っていた信長は、二十一日に東山へ鷹狩りに出かける。吉田兼見の子兼治（満千代）も参加しており、参加者には焼き餅が配られた。信長は上機嫌であったとある［3］。

この年はどこの戦線も膠着状態に入っていたからか、信長はその後も各地で鷹狩りを行っている。代わりに、嫡男の信忠が砦を築いたり堀を掘ったりしていることから、息子に業務を任せていたのだろう。

五月十一日、この日が吉日ということで、信長は完成した安土城の天主に正式に移ることになる［4］。信長も縁起を担ぐのだ。

同月二十七日、安土城下にある浄厳院で浄土宗と法華宗（日蓮宗）の宗論が行われた。奉行衆は菅屋長頼・堀秀政・長谷川秀一の他、信長の名代として信澄が立会人となっていた。

この論争を、信仰掌握などとして信長の策略であるかのように解釈する傾向があるが、大袈裟である。『信長公記』によれば、事の発端は関東よりやってきた霊誉という浄土宗の僧が安土の城下町で説法を行っていたところ、建部《たけべ》紹智と大脇伝介という法華宗徒が乱入し、霊誉に対して議論を挑んだことに始まっている。霊誉は、法華宗の僧を呼んできたらその僧と議論すると返答し、そのため法華宗と浄土宗の宗論が行われることになった。結果は法華宗の敗北となり、建部紹智と大脇伝介は今回の騒動を起こした罪により処刑され、法華宗は他衆への迫害を今後一切行わないことを誓わされた。ただし、このルールを守っていればそれでよく、法華宗の布教は認めているのだ［5］。今回の論争は民間で起こった問題解決のため行われた裁判であり、信長の策略や思惑によるものではない。

六月一日、丹波国の八上城を光秀が落とし、城主の波多野秀治らを召し捕って安土へ送る。秀治らは六日に京都で引き回しにされた後、八日に安土で処刑された［6］。

◆叱責と賞賛

九月四日、帰順した毛利方の武将である宇喜多直家の所領安堵の朱印状を発行してもらうために、羽柴秀吉が安土へ戻ってきて信長に言上した。だが、この計略は信長に許可を取らずに行ったことであったため、信長の怒りをかった。秀吉は播州へ追い返されている[7]。一般に秀吉は中国方面侵攻の総大将と認識されているが、指揮権が委ねられているわけではなく、計略等は信長の許可を得て行わなくてはならなかったことがわかる。

同月十七日、信長の二男にあたる信雄が伊賀国へと侵攻し、部下の柘植《つげ》三郎左衛門が討死する。これに対して信長は三郎左衛門を始めとして、若気の至りで攻めた結果犠牲を出すというのは言語道断で、曲事であると信雄を叱りつけている[8]。

十月十五日、織田軍は荒木村重の籠る有岡城を攻め落とす。しかし既に村重は逃亡しており、捕まえることができなかった[9]。

同月二十四日、光秀が丹波・丹後国の攻略を終わらせたことを安土へ報告に訪れた。

三十日、先月信長への帰順を申し出ていた宇喜多直家に対して、ようやく帰属を許可している[10]。

十一月三日、信長は瀬田大橋の茶屋で泊まる。そして五日、丹波攻略を終えた光秀を賞賛するため、自ら坂本を訪れた[11]。

丹波攻略は光秀の采配に信長が呼応するかたちで成されたものであった。このことについて信長は

「丹波国においての数々の武功は比類がない」と光秀を誉め讃えた感状を渡している［12］。しかしそれだけで済ますことなく、わざわざ坂本に出向いて、重ねて直々にその働きを讃えたのだ。信長は光秀に対し、大変礼を尽くしている。

二十二日、信長は誠仁親王の第五皇子（邦慶親王）を猶子《ゆうし》として貰い受け、京都の二条御新造を誠仁親王に譲る［13］。以後、二条御新造は二条御所と呼ばれることになる。また、邦慶親王を猶子とすることによって、信長は皇族と縁を結ぶことができた。

◆荒木一族の処刑

少し戻って十一月十九日、降伏した有岡城の家臣達は妻子を人質として信長のもとに送ったが、荒木村重は尼崎の城に籠ったまま出てこなかった。そのため、信長は荒木一族を成敗することを決定する。

処刑は、まず十二月十三日に尼崎で行われた。荒木氏家臣の一族妻子百二十人を磔にし、残りの家臣の人質や召使ら五百余人を、四軒の家に押し込んで焼き殺したのである。その後荒木一族の妻子三十余人は京都に送り、十六日に京都市中を引き回した上で処刑された［14］。この処刑は村井貞勝を奉公として、越前国の部将、佐々成政・金森長近・前田利家ら三千人程の警固をつけたものであった［15］。

この時処刑された者は、荒木一族だけでなく、家臣の一族や使用人も含まれている。しかし、荒木村重と共に逃亡した村重の嫡男、村次の妻である光秀の娘は処刑されていない。

光秀の娘は荒木氏の謀叛後すぐに光秀のもとに帰されてはいるものの[16]、荒木一族として処刑されてもおかしくはない立場にあった。それは荒木村重が本願寺勢力と同盟を結んだ際の起請文に、村重と共に村次の名前が連なっており、村次が村重の後継ぎとして広く認識されていたことがうかがわれるからである。それでも光秀の娘は咎めを受けずに済んでおり、光秀の丹波攻略が成った頃、福智山城主の三宅弥平次と再婚している。

謀叛した一族の関係者であったにもかかわらず、罪に問われなかった光秀の娘。これは元亀元年に謀叛した浅井長政の妻、つまり信長の妹が罪に問われなかったことと類似する事例である。

◇注

[1] 太田牛一著、桑田忠親校注『信長公記』(人物往来社、一九六五年)
[2] 永島福太郎編『天王寺屋会記』(淡交社、一九八九年)
[3] 吉田兼見著、斎木一馬・染谷光広校訂『兼見卿記』(続群書類従完成会、一九七一年)
[4] 太田牛一著、桑田忠親校注、前掲註[1]
[5] 奥野高廣『増訂織田信長文書の研究』(吉川弘文館、二〇〇七年)
[6] 吉田兼見著、斎木一馬・染谷光広校訂、前掲註[3]

〔7〕太田牛一著、桑田忠親校注、前掲註〔1〕
〔8〕同右
〔9〕同右
〔10〕同右
〔11〕多聞院英俊著、辻善之助編『多聞院日記』（角川書店、一九六七年）
〔12〕太田牛一著、桑田忠親校注、前掲註〔1〕
〔13〕多聞院英俊著、辻善之助編、前掲註〔11〕
〔14〕太田牛一著、桑田忠親校注、前掲註〔1〕
〔15〕立入宗継『立入左京亮入道隆佐記』（近藤瓶城『改定史籍集覧　第13冊　復刻版』臨川書店、一九九〇年）
〔16〕同右

第十二節 ◆ 天正八年

◈本願寺の立ち退き

天正八年（一五八〇年）正月十七日、羽柴秀吉は三木城主別所長治を切腹させる［1］。秀吉の三木攻めは「三木の干殺し」といわれ、残酷なことで有名である。しかし、兵糧攻めは城攻めの常套手段ともいえるのに、どうして秀吉の三木攻めに関して、ことさらに残酷だったといわれるのかはよくわからない。

二月二十六日、昨年の十一月二十二日に二条御新造を誠仁親王に献上したため、信長は京都での新たな滞在場所を本能寺と定め、村井貞勝に命じて本能寺を改築することにした［2］。

三月十七日付で信長が近衛前久に宛てた書状によれば、信長は本願寺と和議を結ぶ気でいたようだ［3］。この頃、本願寺顕如の息子教如を猶子としていた前久が本願寺勢力との交渉をこなしている。ところが、その教如は和議に反対していたようで、閏三月二十日、紀州から本願寺へ援軍を呼んでいる

［4］。この様子を聞きつけ、毛利氏のもとで政治を行っている足利義昭は四月七日、こちらからも教如へ援軍を送るよう命令している［5］。

七月二十日、信長が本願寺教如に、本願寺からの立ち退きを伝達［6］。教如が立ち退いたのは八月二日のことであった［7］。これをもって、信長と本願寺との、十一年に渡る長い戦いが終わった、ということになっている。

ところが、本願寺勢が立ち退いた後、拠点であった本願寺は焼失してしまう［8］。原因は不明であり、信長は八月十五日に現地を検分に訪れている［9］。

◆ 十九ヶ条の折檻状

八月、古くから信長に仕えていた家臣、佐久間信盛、信栄父子、林秀貞と、安藤守就が追放される［10］。

佐久間親子らを追放するにあたって、信長は「十九ヶ条の折檻状」を自筆で書いた。

この時の家臣達の追放について、一般に信長は酷評されている。追放に至った理由が執念深く、長年信長に仕えてきた者に対して酷い仕打ちだといわれているのだ。

しかし、折檻状の内容は至極まっとうであると思う。信長が叱責したのは、彼らが結果を出さなかったことではなく、出そうともしなかった手抜かりに対してだ。織田軍は多方面に戦を抱えていたため、各方面に配置された部将は、普通なら悠長に時を過ごせるゆとりなどなかった。それなのに佐久間親子は、茶会にうつつを抜かすとある。戦況を打開する方策を打ち出そうとする気配も見せなかったのだ。信長は「個人の能力で解決できなければ相談に乗るのに、それすらもしなかった」とも書いており、彼らの能力が低いから追放したのではないことが読みとれる。また、明確に謀叛を起こしたわけではないので、追放という処置で済まされており、これは寛大な処置だと思われる。

「十九ヶ条の折檻状」の解釈で、もう一つ、よく取り挙げられ話題になる箇所がある。

信長は佐久間父子を非難する一方、光秀・羽柴秀吉・池田恒興《つねおき》・柴田勝家を褒めている。この時列挙された名前の順が、すなわち家臣の評価の高い順だと解釈されているのである。

まず光秀とあるのは実績からして納得できるが、その次が失態を繰り返している羽柴秀吉とは不思議である。さらにその次が、最近の功績で花隈城を落とした程度の池田恒興というのもおかしい。恒興は信長の乳母、養徳院の息子だが、ここへきていきなり信長の贔屓目が入るのは妙だ。そしてその次がやっと、柴田勝家ということになっている。

『耶蘇会士日本通信』によれば、柴田勝家は「信長の重立ちたる将軍二人中の一人」と評価される程の重臣であり、実際多方面で活躍している。勝家はどういうわけか軍事面で採り上げられることの多い人物であるが、軍事だけでなく内政もできる文武両道の士である。越前国を任された勝家は、越前国の統治だけでなく、加賀平定を積極的に打診し、任されていた。

さて、『信長公記』の文面をみると、「一、丹波国の光秀の働きは天下の面目を施している。次に羽柴秀吉は数カ国に比類のない働きをしている。そして池田恒興は所領の少ない身分であるにも関わらず、花隈城を攻め落とし、これもまた天下に知れ渡る働きである。これに見習い皆は一層の働きをするべきである。一、柴田勝家は右の働きに見習い、越前一国を所有しながらも天下に対して申し訳がないと感じ取り、この春に加賀国へ侵攻し、平定することを宣言した」とある。まずは形式的に見て、光秀の項目に秀吉と恒興が便乗しており、おかしい。そして何より、勝家は秀吉や恒興と違い、一国を平定し、なおかつ北陸方面における政治や軍の采配を任されている人物であるのだから、秀吉や恒興と比べて下に評価されるはずがない。これらのことから我々は、秀吉と恒興の評価は後に加筆された可能性があると考えている。

ここで、加筆の可能性について述べておきたい。『信長公記』の著者である太田牛一は、信長に一兵士として仕えた人物であった。牛一が個人的に信長の動向を記録し、後から編集して作られたのが『信長公記』と呼ばれている書物である。これは当時を知るための史料として信頼性の高いものであるが、編集の段階で日付や干支が間違っていたりする他に、依頼があれば書き込みを加えて要望に応えていたことがわかっている［11］。特に、『信長公記』の一つは池田恒興の家系が所蔵していたため、池田家の内容について脚色されている可能性が高い。

池田氏と羽柴秀吉の交流は、この年の四月二十四日、秀吉が播磨国姫路城より池田恒興の母養徳院へ贈物を謝し、来遊を勧めていたことからも良好だったことが確認できる［12］。

ところで、追放された佐久間信盛は、高野山へ出奔したといわれている。

その後天正九年（一五八一年）八月十九日に大和国十津川で死亡と『多聞院日記』に記されているが、『信長公記』には、天正十年（一五八二年）正月十六日に紀伊国の熊野で病死したとある。様々な記録を後から編集した『信長公記』に対し、『多聞院日記』はリアルタイムで書かれた日記であるため、この記述に関しては『多聞院日記』の方が信頼性が高いように思われる。

佐久間信盛が死亡したことを聞いた信長は、残された信栄を不憫に思い赦免を告げたという[13]。許された信栄は、織田信忠に仕えた後に信雄、羽柴秀吉と仕官先を変えることになるが、最終的に徳川秀忠に仕えることになり、寛永八年（一六三一年）まで生きている[14]。

◆一国破城と指出

八月四日、大和国の城は、郡山城を除きその他全ての城を破却するという命令を筒井順慶が受けたことを、多聞院英俊が知る[15]。

十七日、予告通り大和国の城の取り壊しが開始される。そして十八日に光秀が筒井順慶と共に興福寺に来るということを知った多聞院英俊はじめ、村中の者達は、「物を隠す」ことで大騒動になった[16]。

大和国では、織田の手の者が来ると事あるごとに物を隠し、警戒を怠らない。戦になれば、敵方の兵力を奪う目的や、障害物を排除する目的などのため、町や村に放火されることがあるという。織田軍が来る度に、戦闘になっても困らない対策を取られているところを見ると、大和国の人々は織田軍に従属していようでありつつも、内々では戦が起こる可能性を常に想定しているようだ。これは織田政権の不安定さをうかがわせる、貴重な証言といえるだろう。

一方で、信長側もこうした現状に気付いていたのではないだろうか。だからこそ「一国破城」や「指出」などの、国を掌握するための新政策が決行されたのだと思われる。

ところで、このような政策、特に「指出」は大和国に限ってなされたものではなかった。この頃、羽柴秀吉も但馬国方面で所領調査を行っていたことがわかっており、二〇一九年には播磨国方面における調査史料も発見された（平成三十一年三月二十七日産経新聞）。時期を同じくして、信長は全国規模で所領の調査を進めていたらしい。後に太閤検地と呼ばれる秀吉が全国で実施した検地と類似した項目の調査内容であることから、秀吉はこの時行った内容を参考にしたのだと考えられる。

大和国で政策を実施していた光秀は、並行して丹波国方面で野心を抱いた者の殲滅も行っている（脚注1）。時期を考慮すると丹波国方面でも所領調査が行われていた可能性が高く、そのことを裏付ける史料の発見を期待したいところだ。

十月二日、この頃信長は津田宗及と共に大和国の法隆寺を訪れ、聖徳太子所縁の宝物を拝見していた。そして「太子香」という香木を頂戴し、一包を宗及に、もう一包を光秀に渡したという[17]。光秀に対する労いの意味があったのかもしれない。

大和国の調査がすべて終わった十一月七日、信長は筒井順慶を大和国で唯一残された城、郡山城に配置した。これより順慶は正式に大和国を治めることになる［18］。順慶が治める大和国は、その順慶を光秀が指揮することで信長の支配下に置かれるかたちとなった。

◆大坂、四国の情勢

十一月、大坂には光秀の娘婿、織田信澄が入っていたようで、二十六日、先月信長と法隆寺に行った津田宗及が大坂に居る信澄と会っている［19］。

十二月二十五日付で信長が土佐国の長宗我部元親に宛てた書状によると、本願寺が降伏した報告と、歳暮に元親から贈られた伊予鶏五羽の贈呈を感謝している。また元親の隣国との衝突について、光秀より伝達させることを通達している［20］。

（脚注1）　八月二十日、光秀は細川藤孝と共に丹波地方の事変と撲滅を行ったことを急いで報告した文書「注進状」を信長に送っており、翌二十一日、信長は即座に二人を褒めている［21］。

◇注

［1］太田牛一著、桑田忠親校注『信長公記』（人物往来社、一九六五年）
［2］同右
［3］奥野高廣『増訂織田信長文書の研究』（吉川弘文館、二〇〇七年）
［4］同右
［5］天下統一期年譜　一五八〇年［http://www.cyoueirou.com/_house/nenpyo/syokuho/syokuho14.htm］
［6］奥野高廣、前掲註［3］
［7］吉田兼見著、斎木一馬・染谷光広校訂『兼見卿記』（続群書類従完成会、一九七一年）
［8］多聞院英俊著、辻善之助編『多聞院日記』（角川書店、一九六七年）
［9］吉田兼見著、斎木一馬・染谷光広校訂、前掲註［7］
［10］太田牛一著、桑田忠親校注、前掲註［1］
［11］藤本正行『信長の戦争』（講談社、二〇〇四年）
［12］斎藤一興編『黄薇古簡集』（岡山県地方史研究連絡協議会、一九七一年）
［13］太田牛一著、桑田忠親校注、前掲註［1］
［14］谷口克広著、高木昭作監修『織田信長家臣人名辞典』（吉川弘文館、一九九五年）
［15］多聞院英俊著、辻善之助編、前掲註［8］
［16］同右
［17］永島福太郎編『天王寺屋会記』（淡交社、一九八九年）
［18］多聞院英俊著、辻善之助編、前掲註［8］

〔19〕永島福太郎編、前掲註〔17〕
〔20〕奥野高廣、前掲註〔3〕
〔21〕同右

第十三節 ◆ 天正九年

馬揃え

天正九年（一五八一年）正月十五日、信長は安土で「御爆竹」（左義長）を挙行する。信長や家臣らが思い思いの煌《きら》びやかな扮装をし、爆竹を鳴らし、馬を走らせるという催しであった。この評判を聞いた正親町天皇は、京都でも催しを行うよう通達している[1]。

二十三日、信長は光秀に、安土で行った左義長に使った爆竹や諸道具の製作がとても良い出来栄えだったことを褒め称え、要請に答えて京都でも催し（馬揃え）を行うことを告げた。催しの差配を任された光秀は、馬揃えを行うことを領国中に朱印状で触れまわった[2]。

二月二十四日、柴田勝家が馬揃えを兼ねて上洛。本能寺にいた信長を訪問し、越前国、加賀国の平定を報告している[3]。

◆不参加者の事情

二十八日、馬揃えが催された。明智光秀の章にて詳しく述べた通り、この催しは筆舌に尽くし難いほど盛り上がった［4］。

馬揃えの様子は明智光秀の章で述べたので、ここでは視点を変え、催しに不参加だった者についての事情をみていきたい。

まず、摂津国有岡城の留守を命じられた池田恒興は参加を除外されている。しかし恒興の息子である元助や輝政、摂津国の高山重友と中川清秀の父子が参加を通達されている［5］。つまり池田氏の管轄下では、総責任者以外は参加しているようだ。

丹後国の守備のため参加を除外された細川藤孝については、都合がつけば息子の忠興、興元と一色満信が参加するよう通達されている［6］。しかし、藤孝も息子達も不参加だった［7］。

阿波国への出陣を控えた、河内国の多羅尾光俊・多羅尾光太・多羅尾光雅・池田教正・野間長前・三好康長は参加を除外とあるが、参加希望者がいるのであれば「覚悟次第」参加してもよいことになっている［8］。強制ではないので、こちらも参加しなかったようである。

播磨方面へ遠征中の羽柴秀吉も不参加であった。持ち場を離れることができない者は参加しなくてよいことになっているため、秀吉は参加を除外されていたのであろう。そしてこの後も、秀吉は織田軍の行った催し全てに参加していない。

◈ 和泉国の指出

三月九日、堀秀政が信長の指示のもと和泉国の「指出」を行った。これは昨年より各地で行われている政策である。

和泉国における今回の指出では、槇尾寺がこれを拒否したため、信長は曲事とみなして寺を囲み、焼き払うよう指示を出した［9］。槇尾寺は抵抗の姿勢を見せたらしい。

四月二十日、抵抗していた七、八百人程の槇尾寺の者達が寺を退去し始め、翌日には退去が完了した［10］。焼き討ちが決行されたのはかなり後の五月十日で、信澄、蜂屋頼隆、堀秀政、松井友閑、丹羽長秀らが決行した。寺の建物は勿論、経文についても一文字残らず焼き払ったと『信長公記』にはあるが、随分と前に退去が完了していることを考慮すると、貴重な経文等はすでに持ち出されていたはずだ。にもかかわらず、一文字残らず焼き払ったなどとオーバーな表現が使われおり何とも作為的である。

◈ 安土の事件

四月十日、信長は小姓衆五〜六人を引き連れて、竹生島へ参拝に出かけた。

安土を出発した信長は長浜城まで陸路で向かい、そこから船で竹生島に渡ったという。この時安土城で働いていた女房衆は、遠出であるため信長が長浜で一泊してから戻ってくるものだと思い込み、二の丸に行く者があったり、観音寺山にある桑実寺へ薬師参りに出かけたりしたという。しかし予想に反して信長はその日のうちに戻ってきた。信長は留守中に遊興した女房衆を許すことなく捕らえ、桑実寺にも使者を出して女房衆を引き渡すように要求したが住職がこれを拒否したため、住職もろとも全員処罰したという［11］。

不思議な事件である。信長が予定も告げず急に出かけ、急に戻ってきたこと。安土城にも船があるのに長浜の船を使うこと。竹生島にこの時信長が参拝したという記録がないこと。前例がない日程であるのに長浜宿泊を予測すること。それをふまえて留守だからと勝手をすること。出掛けるなら桑実寺という不思議な偏り。それ以外の行き先に、二の丸とある。要するに、信長が出かけるやいなや、天主、本丸から人が離れたということが見えてくる。

信長の留守中に遊興した者がいた前例としては、天正六年十月の二条新御所で一度ある。信長は遊興したものの代表として、同朋衆の住阿弥と、女房衆の「さい」という女房を成敗した［12］。この時はあくまでも代表者を成敗したのであるが、今回は遊興したもの全てを成敗したという。まるで長嶋の一揆勢殲滅のような無差別成敗だ。首謀者が不明であったからだろうか。この事件にはとかく不思議な点

桑実寺。

が多々ある。

十三日、信長は長谷川秀一と野々村正成に対して知行を追加で与えた［13］。二十日には、小姓衆の森成利（乱丸）へ近江国内に五百石を与えるので領地とすべきことを命令する［14］。どちらもどういう経緯で与えられたものなのか不明とされているが、時期的なものを考慮すると、安土で起こった今回の出来事の際、何らかの働きがあった者達だったのではないかと我々は推察している。

各地の状況

六月十二日、羽柴秀吉が播磨国姫路城に津田宗及を招待して茶会を開催する［15］。

十二日付で信長が香宗我部《こうそかべ》親泰《ちかやす》（長宗我部元親の弟）へ宛てた書状によれば、元親に降伏した阿波国岩倉城主の三好式部少輔（三好康長の子）は別心を持っていないこと、阿波国方面の件は親泰の働きが大事であり、詳細を三好康長より伝達する旨を通達している［16］。

十四日付でその三好康長が香宗我部親泰へ宛てた書状によると、阿波国方面の件は信長より朱印が発給されているので、今後は親泰が働きかけを行うよう通達している。また、自分自身は若輩であるうえ、近年の戦乱により無力となっているので、親泰にいろいろと教えていただきたいとあり、康長がへりくだった内容になっている［17］。

二十五日、羽柴秀吉は吉川経家が守備する因幡国の鳥取城を包囲し、兵糧攻めを開始する〔18〕。

七月七日付けの書状によると、信長の義理の従兄弟である津田信張と、蜂屋頼隆が和泉国の岸和田城に入って政務を行っていることがわかる。雑賀攻めの直後である天正五年二月二十日付の信長書状によると、信張は紀伊方面の軍政を担当しており、雑賀衆に対する監視役を任されていたようだ。

一方、蜂屋頼隆は佐久間信盛が追放された後に和泉国における支配権が与えられた人物で、五日に本願寺顕如から岸和田入城を祝う書状が頼隆宛てで送られており、和泉国の代表と認識されていることがわかる〔19〕。なお、この人物は馬揃えの際、河内・和泉・根来の衆を引き連れていた。

◆高野滅亡時刻到来

八月十九日の『多聞院日記』によれば、佐久間信盛が大和国で死亡したので、紀伊国高野山の倉に保管されていた佐久間信盛の所有物を信長が回収することになった。

ところが、高野山に派遣された信長の使者が、高野山の者達に殺害されてしまう。信長はその報復措置として諸国の高野聖（諸国を回っている高野山の仏僧）を捕らえ、近日中に高野山に対して軍事行動を実行することとなった。陣触れは二十三日に発せられるという。これを知った多聞院英俊は「高野滅亡時刻到来」との感慨を記している。

◈ 指示

七月十九日付で羽柴秀吉が配下に宛てた書状によれば、毛利勢は鳥取城に船を用いて兵糧を運びこもうとしており、同日秀吉は鳥取城の西にある吉岡城を攻めたが敗北したとある［20］。

八月二十日付羽柴秀吉宛書状に、信長は全三ヶ条の指示を下している。

一つ目は因幡国の鳥取城で餓死者が出ているのは天罰なので、攻城戦により一層の覚悟で臨むこと。

二つ目は毛利氏に対する目付の宇喜多直家からの注進で、鳥取城陥落は必然だが後方支援が必要との報告を受けているので、光秀、細川藤孝以下、摂津国の衆に準備させており、秀吉からの要請が有り次第向かわせる。その際軍勢は必要なだけ要請してもらってよい。さらに織田信長自身も出陣するので油断のないように。

三つ目は伯耆国羽衣石城の城主、南条元続の働きについての報告である。元続は、始め吉川元春に仕えていたが、天正七年から信長に従うようになった。その後元続は羽衣石城に籠城しながら元春と対立し、羽柴秀吉が鳥取城を落とす頃には秀吉と協力して毛利側の城を攻撃している。今回の報告は、元続が鹿野と伯耆国の間の敵城を攻略したことを通達したものであった［21］。

◆伊賀国も破滅時刻到来

九月二日、信長は伊賀国を平定するために東から信雄を、北から信澄・滝川一益・丹羽長秀を、南からは筒井順慶を進撃させる[22]。これを知った多聞院英俊は「破滅之段、時刻到来」との感慨をまたしても記している。

そして多聞院英俊の記した通り、伊賀国は織田軍によって平定され、信雄の知行となった。

十月十日、信長は信雄の知行となった伊賀国に見物目的で訪れている[23]。

◆淡路平定

十一月十七日、羽柴秀吉は池田元助（池田恒興の長男）と共に淡路国の岩屋城・由良城を攻略し、淡路国を平定したという[24]。

十二月二十日、羽柴秀吉は安土城において信長と対面し、因幡・淡路平定を報告。褒美として感状と十二種の茶道具を与えられたという[25]。

かなり違和感のある記述である。突然の羽柴秀吉、池田元助による淡路国進出。「指示」の項で取り上げたような、秀吉や元助に淡路平定を指示した信長の書状を確認することもできない。これまで秀吉の独断を許さなかった信長が、このような勝手な行動を賞賛するとは考え難く、疑わしい。

実際の淡路国攻略は、天正四年から三好康長が使者として働きかけを行っており、その甲斐あって淡路国の安宅《あたぎ》信康を信長に帰順させている。その後も寝返った形跡はない。羽柴秀吉と池田元助が攻略したという由良城の城主は安宅清康といい、信康の弟にあたる人物だ〔26〕。淡路国攻略は今まで通り康長が安宅氏に働きかけを行うのが自然で、秀吉や元助らが乱入し、城を攻略したという話は、やはりおかしい。

さらに、翌年の天正十年五月七日付で信長が信孝に宛てた書状によると、四国の知行分配については信長が淡路国に出馬してから申し付けるとある〔27〕。戦場に出る意味の出馬という表現が使われていることから、未だ淡路国が平定されていないように受け取れる。この点でも、すでに淡路国を平定したとする『信長公記』の記述は矛盾する。

重ねて述べるが、『信長公記』は著者である太田牛一に依頼すれば自らの活躍を追加できる書物である。また、『信長公記』の一つを保管していたのが池田恒興の家系であったことから、恒興とその息子である元助の活躍については信憑性に欠ける内容が多いように感じる。

◆注

〔1〕立入宗継『立入左京亮入道隆佐記』（近藤瓶城『改定史籍集覧　第13冊　復刻版』臨川書店、一九九〇

年）
[2] 太田牛一著、桑田忠親校注『信長公記』（人物往来社、一九六五年）
[3] 同右
[4] 吉田兼見著、斎木一馬・染谷光広校訂『兼見卿記』（続群書類従完成会、一九七一年）
[5] 立入宗継、前掲註[1]
[6] 同右
[7] 太田牛一著、桑田忠親校注、前掲註[2]
[8] 立入宗継、前掲註[1]
[9] 太田牛一著、桑田忠親校注、前掲註[2]
[10] 同右
[11] 同右
[12] 吉田兼見著、斎木一馬・染谷光広校訂、前掲註[4]
[13] 太田牛一著、桑田忠親校注、前掲註[2]
[14] 谷口克広著、高木昭作監修『織田信長家臣人名辞典』（吉川弘文館、一九九五年）
[15] 永島福太郎編『天王寺屋会記』（淡交社、一九八九年）
[16] 奥野高廣『増訂織田信長文書の研究』（吉川弘文館、二〇〇七年）
[17] 同右
[18] 太田牛一著、桑田忠親校注、前掲註[2]
[19] 岸和田市立郷土資料館『戦乱の中の岸和田城―石山合戦から大坂の陣まで―』（岸和田市立郷土資料館、

二〇〇四年）
〔20〕大阪城天守閣『秀吉の城』（大阪城天守閣、二〇一二年）
〔21〕奥野高廣、前掲註〔16〕
〔22〕吉田兼見著、斎木一馬・染谷光広校訂、前掲註〔4〕
〔23〕多聞院英俊著、辻善之助編『多聞院日記』（角川書店、一九六七年）
〔24〕太田牛一著、桑田忠親校注、前掲註〔2〕
〔25〕同右
〔26〕谷口克広著、高木昭作監修、前掲註〔14〕
〔27〕奥野高廣、前掲註〔16〕

第十四節 ◆ 天正十年

◈黄金の御幸之間

天正十年（一五八二年）元旦、信長への年賀の挨拶のため、安土城に近隣の家臣達が集った［1］。この時、安土城にある「御幸之間」のお披露目があった。最初に光秀と松井友閑が拝見し、その後筒井順慶、越智家秀、箸尾為綱といった大和衆や、津田宗及、今井宗久、千宗易等の堺衆が拝見したという［2］。「御幸之間」は天皇が安土城を訪問した際に通すための部屋で、『信長公記』には、部屋の中の至る所に金を用いていて部屋全体が金色に輝いており、皇居と見間違うほどのものであったと記されている。

◈ 暦の件

二月三日、信長は朝廷へ「暦の件」について意見書を届けていたようだ［3］。

暦の件というのは、この時の閏月についての問題であった。各地で用いられている暦の違いから、天正十年の十二月に閏月がある地方と、天正十一年の正月に閏月がある地方ができてしまったのだ。このことに対し、信長はどちらの閏月を採用するかを議論させていたのである。

四日、吉田兼見が近衛前久を訪問し聞いた話によると、議論を行ったものの結局決着が着かなかったことや、これを受けて信長が、閏月について詳しく調査するため、京都の暦者を招集することを前久に通達したという情報を得ている［4］。

◈ 甲斐攻略

二月九日、信長は武田勝頼を討伐するために十一項目の指令を畿内に出し（脚注1）、十二日に先陣として信忠を滝川一益らと共に信濃国へ向かわせた。実はこの月の一日、武田氏家臣の木曽義昌が信長に寝返り、人質を差し出してきたのだ。

寝返りに対して武田勝頼は、翌日一万五千の兵を引き連れ、信濃国諏訪上原まで出陣してきた［5］。

二十五日、信忠が甲斐国の穴山信君を寝返らせたことにより、武田勝頼は二十八日に信濃国諏訪上原の陣所を焼き払い、甲斐国新府へと撤退することとなった［6］。

◈『兼見卿記』と『兼見卿記(別本)』①

三月二日、吉田兼見は近衛前久の屋敷を訪問する。信長が五日に甲斐国へ出陣することが決定したので、前久も信長に付き従って出陣するという。このことは兼見の日記『兼見卿記』と、それとは別に天正十年元旦〜同年六月十二日までの出来事を書いた、もう一つの兼見の日記『兼見卿記（別本）』に書かれている。

不自然なことに、天正十年元旦〜同年六月十二日の間、吉田兼見の日記は『兼見卿記』と『兼見卿記（別本）』の二種類が存在している。この二冊、大筋の内容は同じでありながら微妙な違いがある。どう違うかというと、甲斐国へ出陣する日の記事がわかりやすい。

『兼見卿記（別本）』によると、「五日、信長はこの日の朝に佐和山城を出陣した。出陣する軍勢は安土に至るまで続くほど大勢で（約二〇キロ）、特に光秀の軍勢が大半を占めており、綺麗であった」とある。綺麗とは、主に衣装などが華やかで美しいことをいう。一方、『兼見卿記』によると、「五日、信長はこの日の朝に出陣する。軍勢が通る道には数千騎が配備され、武具を帯びた光秀の軍勢が大半を占めていた」とある。

同じ出来事を記した二冊の日記だが、『兼見卿記』では光秀の軍勢が大勢いて綺麗であったという、光秀に対する称賛の文章が削除されている。『兼見卿記（別本）』で、光秀に対する称賛の文章を後から書き足したと考えることもできなくはないが、その可能性はないだろう。何故なら、『兼見卿記（別本）』（における天正十年元旦〜六月までの記述）は、本来吉田兼見が書いていた『兼見卿記』であったと考えられるからだ。

その根拠は、吉田兼見の日記の書き方にある。天正十年以前の『兼見卿記』を確認すると、兼見が日記を書いていない日に該当する部分を一行分空欄にして処理している。この書き方は天正九年九月頃より『兼見卿記』の記述スタイルとして定着していった。ところが、天正十年元旦から『兼見卿記』には空欄が見られなくなるが、『兼見卿記（別本）』にはこの頃の記述スタイルに沿った空欄が見受けられる。ゆえに『兼見卿記（別本）』は『兼見卿記』より切り取られた、本来の『兼見卿記』である可能性が高い。

従って本書では、この頃の記録について『兼見卿記（別本）』を正式記録として扱うことにしている。

さらに、『兼見卿記（別本）』の記述が終了する日付「六月十二日」に着目すると、これは後に詳しく記述する「本能寺の変」という政変の終結と共にある。このタイミングで日記を切り取ったり挿《す》げ替えたりしているのだから、この行為には本能寺の変に関連した何らかの政治的配慮があったことが推察できる。

本来の日記であった『兼見卿記（別本）』と、内容をごまかして挿げ替えたこの頃の『兼見卿記』との記述の違いを調べれば、何をどのようにごまかす必要があったのを検討することができる。これは貴重な相違といえるので、今後は二冊の記述の違いに注視し、随時、比較分析していきたい。

◆首

三月八日付けで信長が柴田勝家へ宛てた文書によると、武田勝頼は居城をも焼き捨て山奥へ逃げ失せてしまったので、信長自身は出陣する必要がなくなってきたが、良い機会であるから今まで望んでいても実現できなかった関東見物を行うことにすると通達している［7］。つまり、今回の出陣、目的は関東見物なのである。光秀の軍勢が華やかに着飾っていたのも、戦に出る必要がないからだったといえるだろう。

十一日、滝川一益が山中に逃げ込んだ武田勝頼、信勝父子を包囲する。観念した勝頼らは自刃し、首は信長のもとに送られた［8］。

十四日、信長が陣所としていた信濃国飯田に武田勝頼、信勝父子の首が届けられる。十五日、飯田にて首が公開されると、様々な身分の者たちが見物に訪れた［9］。

十九日、信長は信濃国上諏訪に滞陣しており、吉田兼見が信長の陣所へ使者を派遣する。これは『兼見卿記（別本）』にのみ書かれており、ごまかしの日記『兼見卿記』では削除されている。

二十日、吉田兼見は二十二日に万里小路充房《までのこうじあつふさ》が信長陣所を訪問するという通知を受ける。これは『兼見卿記（別本）』には書かれておらず、今度は『兼見卿記』にのみ書かれている。充房は確かに信長の陣所へ派遣されているが〔10〕、このことをわざわざごまかしの日記に記しているのは、充房が信長の陣所を訪ねることを印象に残し、兼見が信長と関わっていたことを目立たなくさせる工夫だと思われる。兼見は、信長との関わりを極力希薄に見せたいらしい。

同日、信長は信濃国上諏訪の陣所にて木曽義昌、穴山信君らと対面し、義昌には信濃国の二郡を与え、信君には甲斐国の所領を安堵した〔11〕。

二十一日、信長のもとに関東を治める北条氏政からの使者が訪れ、馬や酒や白鳥等を贈呈される。さらにその五日後、氏政から信長へ馬の飼料としての米千俵が贈られた〔12〕。北条氏は信長に歩み寄るつもりなのだろう。

同日、京都に武田氏の首が届けられ、その首は「獄門」に架けられ多くの人が見物した。捕虜も数人晒されていたと、これらのことは『兼見卿記（別本）』『言経卿記』どちらにも書かれている。ただし、ごまかしの日記『兼見卿記』にのみ、この続きとして「京都に首が届いた際には洛中洛外が騒動になった」と書かれてある。わざわざ混乱が起こったように書くことで、吉田兼見は織田政権に対して批判的な目を持っていたかのように見せている。

京都で三日間晒された首は、その後播磨国へ送付されることになっていたという〔13〕。なぜ播磨国に送るのか、はっきりとはわからないが中国方面への威嚇だろうか。

◆『兼見卿記』と『兼見卿記(別本)』②

二十三日、吉田兼見は、明日信長陣所へ贈呈する、手綱・腹帯・書状の準備を行った［14］。

贈呈品の送り先は『兼見卿記（別本）』では、光秀・村井貞成（京都の政務担当者村井貞勝の長男）・佐竹定実（吉田兼見の義兄弟）の三名であるが、ごまかしの日記『兼見卿記』には、光秀・村井貞成・佐竹定実・近衛前久と四名になっており、前久が加えられている。

『兼見卿記』と『兼見卿記（別本）』の記述の違いは、先に記述した「光秀を称賛する文章の削除」「信長との関わりを軽減化」の他に、「近衛前久に関する文章の追加」が挙げられる。これにどのような意味があるかは、後に詳しく述べたい。

◆関東見物

三月二十三日、信長は滝川一益に信濃国の二郡と上野国を与える［15］。

二十五日、徳川家康家臣で家康とは縁戚関係にある松平家忠という人物が、遠江国本栖で御茶屋の普請を行う[16]。この御茶屋は、これから関東の名所巡りを行う信長の休憩所として提供される施設であった。八日付け柴田勝家宛文書にあった、「良い機会であるから関東見物を行うことにする」との通達が、いよいよ実行に移されるのである。

信長の関東見物は、諏訪から富士の根方街道の風景を見物し、駿河国と遠江国を廻って安土へ戻るという計画であった。その際、諏訪にて信長の側近以外は各自解散してよいことになっていた[17]。

四月二日、関東見物が始まる。信長は諏訪から大ヶ原へ向かい、三日、甲斐国甲府の武田館趾へ移動する。移動中に雪の積もった見事な富士山が見物できたようで、皆感動したということが記されている。諏訪にて解散してよいことになっていたので、ここで丹羽長秀、堀秀政、多賀新左衛門の三人が、草津へ湯治するために先に帰っている[18]。

同日、甲斐国恵林寺において、佐々木次郎（六角義賢の子）を匿った罪として、快川紹喜《かいせんしょうき》他僧達の焼討ちが行われた[19]。この時、快川紹喜が「心頭滅却すれば火もまた涼し」と言ったといわれているが、誰がその言葉を聞いたというのか。なお、この言葉は中国、唐の時代の杜荀鶴《とじゅんかく》という詩人の詩から「滅却心頭火自涼（心頭滅却すれば火もおのずから涼し）」という一節を引用したものと考えられる。

十日、甲斐国甲府を出発した信長は、安土へ戻りながら各地を観光する[20]。徳川家康は信長が通る街道をあらかじめ広げておくなど、万全の心遣いをもって警備にあたった。家康の応対に感じ入った信長は「とても気を遣ってもらい、ありがたい」と述べ、道中における手厚い歓迎に感動しながら旅行を終えている[21]。

この頃大和国興福寺においては、今回の信長の東国出陣に対して、正親町天皇の命による祈祷内容の目録および陣中見舞品を携えた使者が派遣された。見舞品は信長の他に信忠・信雄・光秀・藤田伝五（光秀家臣）・筒井順慶・森猪介（順慶家臣）、信長の小姓である長谷川秀一・堀秀政や馬廻り衆の毛利良勝、滝川三郎左衛門・中伊という人物へも贈られた[22]。

信長が一泊した浅間神社と富士山。

◆中国四国攻略の準備

二十一日、信長は近江国安土に戻るとすぐ、次に予定していた阿波国へ向かうための準備を信孝に命じている[23]。

二十四日付けの文書によると、信長は細川藤孝と一色満信に対して、中国攻略はこの秋に予定していたが、小早川隆景が籠城している備中国高山城を羽柴秀吉が攻囲しているとの注進があったので、重ねて一報が入り次第中国へ出陣する。藤孝と満信も、信長と共にいつでも出陣できるように準備しておくことを通達する。詳細は光秀より伝達させるとのことであった[24]。

◈三職推任

『日々記』によると、四月二十三日に勧修寺晴豊は三人の同行者と共に安土に派遣され、今回の武田軍討伐を祝賀した。

その後、二十五日に、勧修寺晴豊は京都の村井貞勝邸を訪れた。そして誠仁親王が信長に対して、太政大臣か関白か将軍かを推挙することが可能であるという意向を伝えたという。これを現代の人々は「三職推任」と呼んでいる。

勧修寺晴豊という人物は、山科言経と同じく朝廷の者で、武家伝奏の職に就いていた。武家伝奏とは武家から朝廷への政治的要求（任官や改元等）を聞き入れる役割の者である。本願寺との戦の際には、使者として信長と本願寺との講和に関与するなど、晴豊は当時の権力者と密接な関わりを持っている。

『日々記』はその勧修寺晴豊が記した記録といわれており、『晴豊記』の続きとして天正十年四月一日から書き始められている史料である。この日記には、この日記にしか記されていない先に記した「三職推任」と呼ばれる出来事が載っており、注目されることが多い。

一般に、三職推任は信長が朝廷に対して太政大臣、関白、征夷大将軍のどれかの官位を要請したとされており、これを以て信長が朝廷に圧力をかけていた証拠にされてもいる。しかし信長が朝廷に官位を要請していた史料は残っていない。にもかかわらず、このことによって朝廷は信長に敵意を抱いたとまで推察されている。

とりあえず、何故そのことで朝廷が敵意を抱くのかを説明すると、この時太政大臣には近衛前久が二月に就任したばかりであること（しかし五月に辞職する）［25］、関白は五摂家（脚注2）以外が就任した事例がないこと。将軍は足利義昭が存命であることからして、どの位もすぐに要請に応じるのが困難であったからである。このような無理難題をふっかけてくる信長に、朝廷は敵意を抱いたというわけだ。

しかし、やはり信長が朝廷に官位を要請した記録が残っていないことや、この出来事について記されている史料が『日々記』のみであることが気になる。村井貞勝に伝えたとあるので、普段から貞勝と交流のあった吉田兼見や、勧修寺晴豊と同じく朝廷に使えていた山科言経がその話題を知っていてもよいはずなのに、記録にない。世間のイメージとは裏腹に、存外前例を重んじるところのある信長が前例のない位を望むことも異常であるし、その後この話がどうなったのか不明である等、不審な点が多い。これらのことから、『日々記』のみに記してある三職推任という出来事を全面的に信用してよいのか疑問に思う。

三職推任をねつ造する意図は謎であるが、日記の書かれている期間が天正十年の四月〜九月という、六月に起こった本能寺の変を見据えた期間であることをふまえると、『兼見卿記』のように何らかの政治的作為がある可能性が高いようにも思われる。

◈ 四国情勢

五月七日付けの文書によると、信長は三男の信孝に四国の領地配分を申しつける。その内容は、讃岐国は信孝に、阿波国は三好康長に与え、残りの伊予国、土佐国は信長が淡路国へ出陣してから処分を決定するということであった。また、信孝は康長に対して親に対するような気持ちで忠節をなすようにと指示をしている［26］。

十一日、出陣に備え、信孝が摂津国住吉に移動する。四国へ向かうための船を手配していたが、この時はまだ準備が終わっていなかった［27］。

ここで、四国をめぐる情勢として定着している誤解を指摘したい。それは、土佐国の長宗我部元親と親密な関係を築いている光秀と、三好康長と親密な関係を築いている羽柴秀吉が、四国攻略において元親か康長、どちらを優勢に立たせるかで競い合っており、この一件によって康長を推した秀吉が優位に立ったというものである。

両者が親密な関係である根拠は、長宗我部元親については光秀の家臣斎藤利三の妹を正室にしていることが挙げられ、三好康長については羽柴秀吉の甥を養子としていることが挙げられている。しかし、これらは根拠にならない。

斎藤利三は光秀が四国攻略を行う以前の永禄六年（一五六三年）から長宗我部元親と縁戚関係を結んでいた[28]。利三が光秀の家臣になった時期はわからないが、天正三年に光秀が元親の連絡を取次いでいるので、その頃からなのかもしれない。しかし光秀は元親以外にも各地の領主との外交を任されているため、取次ぎを行うことは光秀にとって特別な行為ではない。秀吉と三好康長に至っては、秀吉の甥を養子にしたのが天正十年六月以降の話なので現時点で両者に縁戚関係はない。それどころか康長は、信孝を養子にもらう予定があったという[29]。これらのことから、四国攻略を通じて光秀と秀吉の思惑がぶつかっていたという認識は誤りだと考えられる。

また、三好康長は天正四年の頃から信長に四国攻略を任されており、それに先駆けて淡路の安宅信康を信長に属させるなど、すでに信長家臣としての実績がある[30]。その康長が、かつて本拠としていた阿波国を与えられることに何か問題があるとは思えない。

ところが『元親記』という史料に、信長が四国を自由に占領してよい許可を長宗我部元親に与えたにもかかわらず、突如として約束を破り三好康長に領地を明け渡すことを告げたということが書かれてある[31]。これによって、元親と康長が四国をめぐって争っていたかのように錯覚されるようになってしまったのかもしれない。

しかしながら、この『元親記』の情報は鵜呑みにしないほうがよさそうだ。

三好康長と長宗我部元親の関係については、天正九年六月十二日の書状から、元親の弟のもとへ康長が使者として向かっていることがわかっている[32]。書状の内容は、天正九年の三月に康長が阿波国で元親側に属していた三好式部少輔（康長の子）を信長側に引き入れたが、決して元親達と対立する意思はなく、これからも何かあれば式部少輔の相談に乗ってほしいといったものであった。四国をめぐって争っていたどころか、むしろ協力関係にあったことがわかる。

また、岡山県立博物館で二〇一四年六月二十三日に公表された、石谷家に関わる古文書「石谷家文書」、五月二十一日付の斎藤利三宛、長宗我部元親書状によると、信長に命じられた阿波国の明け渡しに対して、元親がそれに応じていることが確認できる。明け渡された阿波国に三好康長が入ることを、元親自身が承認しているのだ。四国の国内情勢に対立要素があったとは思えないのである。

◈ 徳川家康の接待

信長に駿河国を与えられた礼として、徳川家康が安土を訪れることになった。『信長公記』では駿河国と遠江国を与えられた礼となっているが、家康が与えられたのは駿河一国のみと考えられるため、遠江国も与えられたという『信長公記』の記述は誤りである。

また、徳川家康と共に、信忠が寝返らせた穴山信君も挨拶に訪れており、信長は二人を歓待するため、街道や宿泊施設を整備させている。十四日、二人は丹羽長秀が設置した仮設の屋敷で一泊した後、安土へ向かう[33]。

十五日、徳川家康と穴山信君が安土に到着する。この日から十七日までの三日間、二人へのもてなしは光秀が任されており、京都や堺で仕入れた珍品などを用意しており、とても素晴らしかったという[34]。

ところが、この時の光秀の接待について、暑さで生魚が腐っていたなどの手抜かりにより、信長から折檻されたり接待から外されたりする内容の有名な逸話がある。この話については高柳光寿氏の『明智光秀』にてはっきりと否定されている通り、当時の記録をふまえても、光秀に落ち度はないことがわかっている。

十七日、接待を終えた光秀は、出陣の用意のために安土を出発して坂本城へ戻っている[35]。

◆梅若大夫を呼んだ者

十八日、『多聞院日記』に、この日安土で能が二種類上演され、「張良」の題目は好評であったが、「鞍馬天狗」では信長の機嫌が悪かったという記述がある。これについて多聞院英俊は、平氏が西海に追い込まれる内容が盛り込まれていたため、平氏の系統を名乗っていたことがある信長の機嫌が悪くなったのではないかと推察したようだ。

この件について、『信長公記』にも似た内容が記されている。こちらの情報では、十九日に幸若大夫が、二十日に梅若大夫が能を行う予定であったが、まだ日が高いからという理由で十九日に梅若大夫も舞うことになった。しかし梅若大夫の能は出来が悪く、信長は折檻を行ったとある。

その他にも、本願寺顕如の祐筆である宇野主水が記した日記『宇野主水日記』では、能が演じられたのは十八日。『天王寺屋会記』では、十九日に梅若大夫が「みもすそ」と「めくらざた」という二種類を舞って信長の機嫌が悪くなったとある。史料によって日付や内容に違いが生じており、何故このような食い違いが生じているのかは不明であるが、二度行われた能のうち、後に行われた能によって信長の機嫌が悪くなったことは共通している。

信長の機嫌を悪くしたのは梅若大夫という人物のようだが、この人物は元亀元年に信長の敵対勢力に協力していたことが発覚しており、三十石の領地を没収されている[36]。平氏の系統などというより、そもそもいわく付きの人物だったのだ。信長が不愉快に思うのはなかば当然のことかもしれない。何故、梅若大夫を招いてしまったのだろうか。

ところが、不手際があった能の行われた十八日か十九日に接待を行った者が誰だったのか、各史料共に不明で、二十日になってはじめて、この日の接待役は丹羽長秀・堀秀政・長谷川秀一・菅屋長頼であったことが記されている[37]。

ただ、『信長公記』には、本来なら二十日に梅若大夫が能を行う予定だったとあることから、いくら

「まだ日が高いからという理由で十九日中に梅若大夫も舞うことになった」と日にちをずらしてごまかしたところで、少なくとも二十日の接待を行ったという丹羽長秀・堀秀政・長谷川秀一・菅屋長頼の四人に、梅若大夫を手配するという不手際があった可能性が高いようには思われる。

◆愛宕百韻

五月二十四日、中国攻めを控えた光秀は戦勝祈願を行い、出陣連歌「愛宕百韻」を愛宕神社に奉納する[38]。

この時の連歌会で光秀は「ときは今あめが下しる五月哉《さつきかな》」という発句を遺した。この歌は後に、「とき」を光秀の家系「土岐氏」、「あめが下」を「天下」とし、「土岐氏の末裔である自分が天下に号令をするときが来た」という意味の、下剋上を示唆する光秀のメッセージが隠された歌とする説が提唱されたことで有名になる。

しかし実際のところ、この日（二十四日）は雨が降っていた[39]。旧暦である当時の五月は、今の六月に相当する梅雨の季節だ。五月雨と書いて「さみだれ」と読むが、これが梅雨と同意語なのはその名残である。つまりこの歌は「五月である今まさに五月雨が降っている」という意味の、ごく普通の発句として解釈することができる。

それ以上の意味を相当な根拠もなく付与したり、メッセージが隠されているなどという実証性に乏しい推察を用いて歴史を解釈するのは、よくないのではないだろうか。

さらに『信長公記』の記述を追うと、二十七日に愛宕山に上り戦勝祈願を行った光秀がおみくじを二〜三度引いたとある。

軍事の際の占いは、自軍が吉になることが絶対条件だ。凶の日に戦を強いられたとしても、元凶を検証し、凶意を取り除いて吉に変える方策を練る。元凶を検証する必要があるため、繰り返し占い良い結果を探るのは当然で、従って今回のように繰り返し占うことに関して疑問はない。

しかし我々は、光秀がおみくじを引いたというこの記述自体に疑問を持っている。まず、これまでの記録に光秀が出陣前におみくじを引いていたという記述がないこと。そして、今回に限って『信長公記』に光秀の行動が書かれているという不自然さがひっかかる。『信長公記』は信長の側近である太田牛一によって書かれているというのに、この時のみ光秀の行動を妙に事細かに記載するので非常におかしい。

さらに、日付も誤っている。『信長公記』では二十八日に愛宕百韻を詠んだとあるが、正しくは二十四日である。記述傾向も日付も食い違っている愛宕神社における『信長公記』の記述は、信憑性が低い。

◆水攻め

『信長公記』によると、この頃羽柴秀吉は備中国の高松城に対して水攻めを行い、安芸国から来た毛利輝元・吉川元春・小早川隆景の軍と対陣していた。これを聞いた信長は堀秀政を使者として秀吉のもとへ送り、信長自ら中国を平定した後、一気に九州まで向かうつもりであることを告げたという。また先陣として、光秀・細川藤孝・池田恒興・塩河吉大夫（恒興の家臣）・高山右近・中川清秀に出陣の準備を行うことを命令したとある。

しかし『多聞院日記』五月十八日の記述に「筒井順慶が中国攻略の準備をすることを知った」とあるのに、この『信長公記』の記述には、中国攻略の準備を行っていたはずの順慶が記されていない。そのうえ、「九州まで向かう」というので驚く。突飛な記述である。また、「水攻め」という戦法も突飛である。

『信長公記』に記された水攻めの内容は、周囲の川（足守川）を決壊させることらしいが、それ以上の詳しい内容はわからない。詳しい水攻めの内容が記されているのは『川角太閤記』であるが、この史料は逸話集であるから、当然信頼性に欠ける。しかし他に史料がないため、参考までにその内容を確認すると、全長約三キロメートル、高さ約七メートルの堤防を十二日間で築き、高松城を水中に孤立させたということが書かれてある。大変に大がかりな作戦だが、城を孤立させたいなら、信長や光秀が到着するまで囲んでおけばそれでよいのだ。

また、『備中高松城水攻の検証』によると、昭和六十年、豪雨に見舞われた高松城跡一帯が水中に孤立している。これを見た林信男氏は「水攻堤は無く、また足守川は破堤してもないのに」と述べており[40]、そもそも高松城一帯は、水攻めなどしなくとも、雨によって水浸しになる地域であったと考えることができる。そしてそれを裏付けるように、当時、雨が降り続いていた[41]。

堤防を築いて水攻めを行ったという話は、この雨に便乗した逸話であろう。

◆六月一日

六月一日、山科言経が本能寺に滞在中の信長のもとを訪れた。寺には近衛前久や勧修寺晴豊、土御門久脩といった公家衆が四十人程いた他に、僧侶や身分の低い者も少しだが集まり、数時間雑談した後に茶席が催されたという[42]。

この時信長は、二月に話し合った暦の件について再度話し合いをしている。天正十年の十二月に閏月を入れるか、天正十一年の正月に閏月を入れるかであれば、信長は天正十年の十二月に閏月を入れるべきであると意見を述べたが、勧修寺晴豊や他の公家衆はその案に反対だった[43]。

信長が天正十年の十二月に閏月を入れる案を推した理由は、関東を中心に広く扱われている暦「三島暦」に従おうとしたからで、公家衆がその案に反対したのは、京都で使われていた暦に従いたかったたからだと考えられる。独裁的、高圧的などと誤解されやすい信長だが、公家衆に対して強引に自論を展開したわけではなかった。他国の暦事情を考慮したうえで、多数派の暦に従う意見を述べたのである。それに比べて地元京都の暦に固執し、多数派も京都に合わせよという公家衆の方がよほど高圧的ではなかろうか。

結果、暦の件は決着がつかないまま京都では京都の暦を使うことになるのだが、いざその時になってみると、京都にある貴船神社から閏正月こそ正月として祝うようお告げがあったという理由で、結局は京都でも、多くの人が使っていた三島暦を採用することになる[44]。

◆本能寺の変

二日、この日、本能寺の変と呼ばれる政変が起きた。

これによって信長は死亡する。

一般的に知られている事のあらましは次の『信長公記』の通りである

勿論、不審な点はいくつもあるが、ひとまず記載しておきたい。

六月一日の夜、丹波国亀山城にいた光秀が逆心を抱き、明智秀満、明智次右衛門、藤田伝五、斎藤利三らと話し合い信長を討ち取り天下を掌握しようと企んだ。光秀は最初は予定通り中国方面へ向かっていたが、途中で引き返して、老の山を登り山崎から摂津国へ向かうことを全軍に伝え、談合を行った者達を先陣として配置した。

老の山では分岐点があり、右へ向かえば摂津国へ、左へ向かえば京都へと道が続いていた。明智軍は左へと道を進み、桂川を越える頃には夜が明け始めており、信長のいる本能寺にたどり着いた明智軍は五方から侵入していったという。

信長は最初身分の低い者達による喧嘩かと思っていたが、鬨《とき》の声や銃声が聞こえたことから、これは謀叛なのか、誰が企てたのかと尋ねると、森成利（乱丸）が明智の者と見えると応えた。それを聞いた信長は是非も無しと言うと弓を持って迎え撃ち、弓の弦が切れた後は槍を振り回していたが、敵に肘を切られたために下がり、側仕えの女性達を逃がした。そして既に火が付いていた本能寺の奥へと入っていって自害したという。

一方妙覚寺にいた信忠は、本能寺へ救援に向かおうとした。だが、本能寺から逃げ出した村井貞勝親子から、既に本能寺が焼け落ちたと報告を受け、二条御所で立てこもるように勧められた。信忠の家臣達は皆奮闘していたが、近衛邸から敵が弓や鉄砲を用いて狙撃し始めたため、信忠側の被害は甚大となった。観念した信忠もまた御所に火を放ち、切腹して果てたとある。

信長、信忠が討たれたという情報は安土にまで届き、留守を任されていた蒲生賢秀を始め、家臣達は散り散りになって逃げ出したという。光秀は京都からすぐに瀬田に向かい、瀬田城の山岡景隆、景佐《かげすけ》に人質を要求し、帰順するように使者を送ったが、景隆達は信長への恩義を理由に帰順を拒み、瀬田の橋と居城に火をつけて山中に逃げた。光秀は手を失ったので橋のたもとに人員を残して坂本へ帰ったという。

（脚注1）

指令の内容については次のようになっている。

一、大和国の筒井順慶は出陣すること。ただし吉野の警護のために一部国に留めておくように。
一、河内国の烏帽子形城にいる者達は高野、雑賀への警戒のため置いておく。
一、和泉国の者達は紀伊国へ向かうように。
一、三好康長は四国へ出陣するように。
一、池田恒興は二人の息子を出陣させ、恒興は摂津国に残るように。
一、中川清秀は出陣すること。
一、多田某は出陣すること。
一、上山城の者達は油断なく出陣の用意をするように。
一、羽柴秀吉は中国への警戒のために置いておく。
一、細川藤孝は二人の息子を出陣させ、藤孝は丹後国の警護にあたること。
一、光秀は出陣の用意を行うこと。
遠征になることから、動員する人数を少なくして兵糧が持つようにすること。ただし人数を多く見せる方法を考えるように、とのことであった［45］。

（脚注2）　藤原氏嫡流として代々摂政・関白に就くことができた、一条・二条・九条・近衛・鷹司の五つの家系のこと。

◇注

［1］太田牛一著、桑田忠親校注『信長公記』（人物往来社、一九六五年）
［2］永島福太郎編『天王寺屋会記』（淡交社、一九八九年）
［3］竹内理三編『晴右記』（臨川書店、一九六七年）
［4］吉田兼見著、斎木一馬・染谷光広校訂『兼見卿記（別本）』（続群書類従完成会、一九七六年）
［5］太田牛一著、桑田忠親校注、前掲註［1］
［6］同右
［7］奥野高廣『増訂織田信長文書の研究』（吉川弘文館、二〇〇七年）
［8］太田牛一著、桑田忠親校注、前掲註［1］
［9］同右
［10］竹内理三編、前掲註［3］
［11］同右
［12］太田牛一著、桑田忠親校注、前掲註［1］
［13］山科言経著、東京大学史料編纂所編纂『言経卿記』（岩波書店、一九五九年）
［14］吉田兼見著、斎木一馬・染谷光広校訂、前掲註［4］

[15] 吉田兼見著、斎木一馬・染谷光広校訂『兼見卿記』(続群書類従完成会、一九七六年)
[16] 太田牛一著、桑田忠親校注、前掲註[1]
[17] 竹内理三編、『家忠日記』(臨川書店、一九六七年)
[18] 太田牛一著、桑田忠親校注、前掲註[1]
[19] 同右
[20] 同右
[21] 竹内理三編、前掲註[16]
[22] 太田牛一著、桑田忠親校注、前掲註[1]
[23] 竹内理三編『蓮成院記録』(臨川書店、一九七八年)
[24] 太田牛一著、桑田忠親校注、前掲註[1]
[25] 奥野高廣、前掲註[7]
経済雑誌社編『国史大系・第10巻 公卿補任中編』(国立国会図書館デジタルコレクション、210.08-Ko548-Kk、一八九七―一九〇一年)
[26] 奥野高廣、前掲註[7]
[27] 太田牛一著、桑田忠親校注、前掲註[1]
[28] 浅利尚民、内池英樹編『石谷家文書 将軍側近のみた戦国乱世』(吉川弘文館、二〇一五年)
[29] 谷口克広著、高木昭作監修『織田信長家臣人名辞典』(吉川弘文館、一九九五年)
[30] 同右
[31] 同右

〔32〕奥野高廣 前掲註〔7〕
〔33〕太田牛一著、桑田忠親校注、前掲註〔1〕
〔34〕同右
〔35〕同右
〔36〕奥野高廣、前掲註〔7〕
〔37〕太田牛一著、桑田忠親校注、前掲註〔1〕
〔38〕島津忠夫校注『連歌集』（新潮社、一九七九年）
〔39〕山科言経著、東京大学史料編纂所編纂、前掲註〔13〕
〔40〕籠瀬良明「備中高松城水攻堤への異論」（林信男編『備中高松城水攻の検証』、二〇〇七年）
〔41〕山本武夫「梅雨と歴史」（林信男編『備中高松城水攻の検証』、二〇〇七年）
〔42〕山科言経著、東京大学史料編纂所編纂、前掲註〔13〕
〔43〕天下統一期年譜　一五八二年［http://www.cyoueirou.com/_house/nenpyo/syokuho/syokuho16.htm］
〔44〕『御湯殿上日記』（東京大学史料編纂所　編纂『大日本史料 第10編』東京大学史料編纂所データベース）
〔45〕太田牛一著、桑田忠親校注、前掲註〔1〕

第三章

もう一度、明智光秀

第一節◆孤立

◈瀬田

本能寺の変が起こった日の『信長公記』の記述から、まずは次の情報に着目したい。

「信長、信忠が討たれたという情報は安土にまで届き、留守を任されていた蒲生賢秀を始め、家臣達は散り散りになって逃げ出した。光秀は京都からすぐに瀬田に向かい、瀬田城の山岡景隆、景佐に人質を要求し、帰順するように使者を送ったが、景隆達は信長への恩義を理由に帰順を拒み、瀬田の橋と居城に火をつけて山中に逃げた。光秀は手を失ったので橋のたもとに人員を残して坂本へ帰ったという」

この件について、ルイス・フロイスの『日本史』によると、安土の住民は二日の午後には信長が討たれた情報を入手していたが、瀬田橋の橋際で監視を行っている山岡景隆が橋を切断したため通行できず、それ以降の正確な情報が安土には来なかったという。瀬田川は水深が深く、水流も早いため、修復は不可能かと思われたが、光秀の優秀な技能と配慮によってただちに修理復旧され、五日には通行できるようになったとある。

『日本史』では、橋は焼いたのではなく切断したとあるのだが、火をつけたにせよ、切断したにせよ、正確な情報が入るより先に橋を落としていることに変わりはない。それどころか、橋を落とされたことによって、安土では情報を入手することが困難になったというのだ。

まずは、山岡景隆が橋を落とすという思い切った行為に及んだ真意を汲んでいきたい。一般に、謀叛を起こした光秀に与しないためという大義名分で通っているこの行為だが、よく考えると、信長ですら把握できなかった「本能寺の変」の概要を、光秀と同心しているわけでもない景隆がいち早く把握しているのはおかしいし、『信長公記』にあるように信長への恩義に報いるつもりがあるのなら、謀叛者と対峙すればよいのである。ところが、この時景隆は橋を遮断して逃亡してしまっている。

橋を遮断し、光秀の呼びかけに応じず逃亡するという山岡景隆の行為について、「光秀が本能寺の変を起こした」という前提でこれを見ている限りは、景隆は恩義に厚かったとか、光秀に人望がなかったなどという読み物的解釈に政治行動の根拠を見出すしか術がない。

しかし、光秀が本能寺の変を起こしていなかったとしたら。

「信長という主君を失い最も困っている人物」として光秀を見れば、あらゆる出来事が理に適う。

すなわち、山岡景隆は橋の遮断によって光秀の活路、もしくは退避経路を断っているのである。実際は『日本史』にあるように、不可能かと思われた橋の修復を、光秀の優秀な技能と配慮によってただちに完遂されてしまい、五日には通行できるようになってしまったのだが、景隆は修復できないともくろんで橋を遮断したのだ。また『信長公記』にあるように、景隆が瀬田を焼いたというのであれば、それはこれから窮地に立たされるであろう光秀と自身が「無関係」もしくは「同心していない」ことを周囲に認知させる、これ以上ない表現行為だ。

家督争いに代表されるように、主君が死亡した際、家内の権力構造が変わる事例は数多い。信長を失い、織田家中における強力な後ろ盾を失った光秀の立場が危うくなることを予期した山岡景隆は、情勢が安定し、次の権力構造が明らかになるまでは、光秀と関わることを避けておくのが望ましかったに違いない。

◆細川藤孝

光秀と関わることを最も切実に避けたかった人物こそ、細川藤孝であっただろう。

細川藤孝は光秀寄下の中でも光秀に最も近く、かつては光秀が仕えていた人であったばかりか、血縁関係まで結んでいた。そのため光秀に同心していると見なされ、糾弾される可能性が極めて高かった。現に『多聞院日記』六月三日の記述で「細川藤孝も殺されたらしい」という噂話があがっている。このような噂が立つほど、藤孝の立場は世間的に危ういものだった。

細川藤孝が本能寺の変を知ったのは、翌日（六月三日）であったらしい。丹後国宮津城で政変を知った藤孝は、即座に家督を息子の忠興に譲り、忠興の妻である光秀の娘（ガラシャ）を三戸野に幽閉、藤孝自身は剃髪して幽斎と名乗ると、居城であった宮津城を忠興に譲り、丹後国田辺城に移っている［1］。光秀の娘の隔離はもちろんのこと、家督を譲り、剃髪し、隠居をすることで、徹底して政治の世界から身を引く姿勢を見せ、そして光秀の政治的立場がどうなろうと自身とは全くの「無関係」であり、もちろん「同心などしていない」ということを周囲に認知してもらえるよう、打てる限りの手を打っていることがわかる。

九日、細川藤孝と忠興へ、援軍を要請する次の内容の光秀書状［図1①］が届いたとされている［2］。

一、親子で剃髪をしたと聞いて、それは仕方のないことであると思います。最初は腹を立てましたが、考えてみればその方が自然なことと思いました。それでもこの上は身分の高い者を誰か出して、あなたの心意気を見せてもらいたい。

一、国のことについて、近々摂津国を渡すつもりで協力を待っています。但馬国や若狭国も欲しいのであれば、同様に渡すつもりでいますので、必要であればお取り置きしておきます。

一、私たちが今回の謀叛を起こしたのは、細川忠興等を取り立てようと思ったからであり、その他の意味はありません。五十日から百日後には近国は盤石になるはずなので、その後は十五郎（光秀息子）や忠興に任せて光秀自身は引き下がるつもりです。詳しい内容については使者の両人から聞いて下さい。

しかし、細川親子が光秀のために動くことは、もちろんなかった。

ただ、この援軍要請の光秀書状は、光秀が普段発行している書状と比較すると、筆跡、配字等に違和感がある。一般には、これは光秀自筆の書と解釈されているが、例えば天正十年七月十一日の細川藤孝・忠興宛羽柴秀吉書状［図1②］など、これとよく似た筆跡の書状が光秀亡き後も見出せる［図2］。ゆえに、少なくとも光秀自身がこれを書いたとは思いにくい。

内容にも、いくつかおかしな点がある。

まず、この書状には宛所が書かれていない。細川氏が所蔵していることや、文面に細川忠興が登場することから、細川親子に宛てたものであろうと推測されているにすぎない。また、自身の領地である丹波国や近江国の坂本あたりを

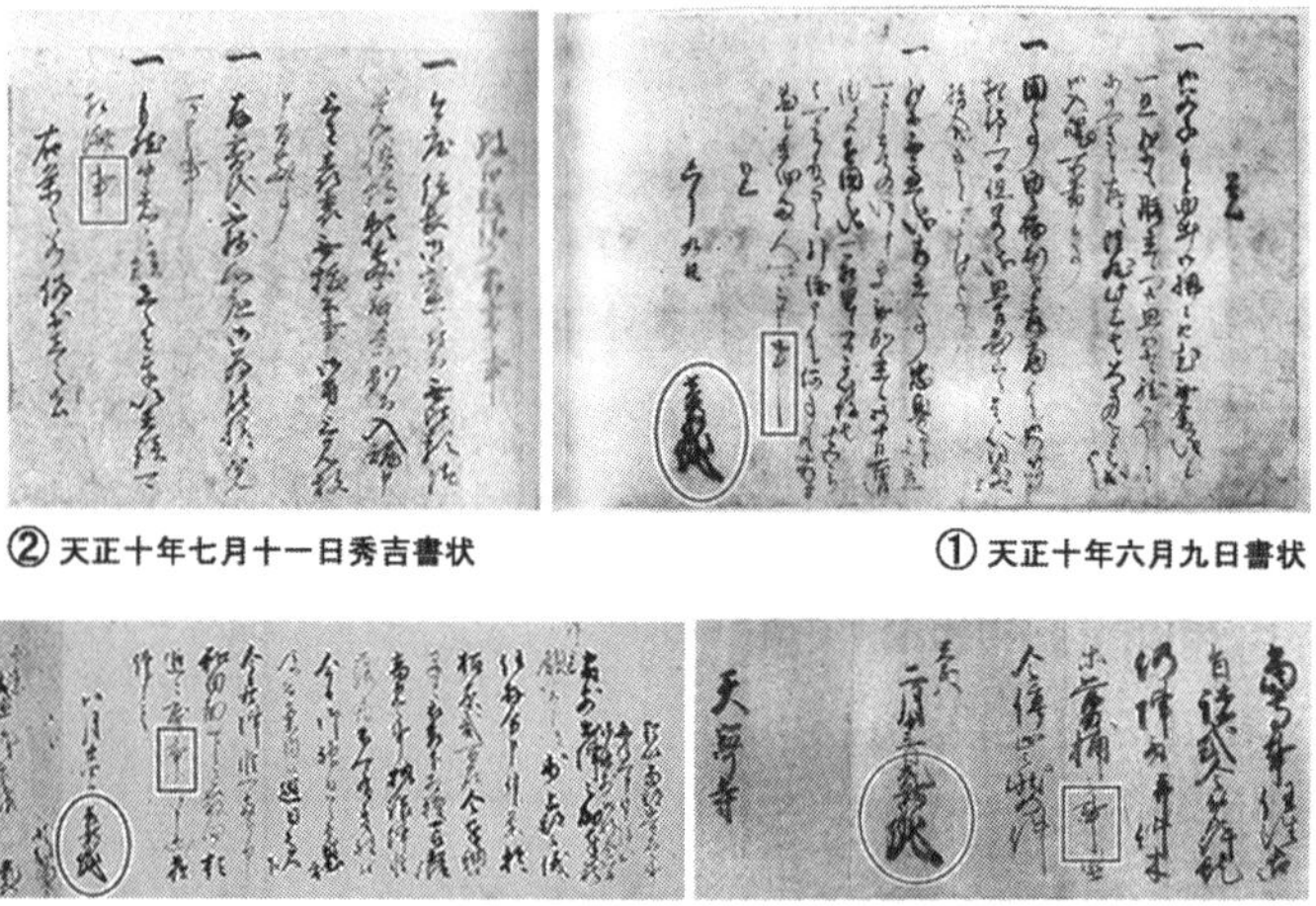

① 天正十年六月九日書状

② 天正十年七月十一日秀吉書状

③ 天正八年二月十三日光秀書状

④ 天正七年八月二十四日光秀書状

［図1］

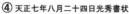

渡す用意があると記すならまだしも、取り置きができるかどうかもわからない摂津、但馬、若狭国を渡すという約束をしようとしている。これは約束として成立し難いように思えてならない。さらに、光秀の息子（十五郎）が登場し、後は任せるつもりであると書かれてある。未だ政治的な活躍のない息子に後を任せるつもりだと宣言されたところで、結局は実績のない息子を光秀が支えることが自明であり、信頼の仕様がなかろう。内容が不信であるうえ宛名もないこのような怪しげな書状を、細川親子がまともに検討するはずがないように思う。そしてそのようなものを、光秀が送るだろうか。以上のことから、我々はこの文書の信憑性を疑っている。

　ともあれ、その後も細川藤孝は光秀との接触を一切避け、光秀を敗戦させた「山崎の戦い」に参戦することもなかった。首尾一貫して不動の姿勢を貫いたことが評価されたのか、藤孝と忠興は七月十一日に羽柴秀吉から功を賞され、丹後国の加増を受けている[3]。

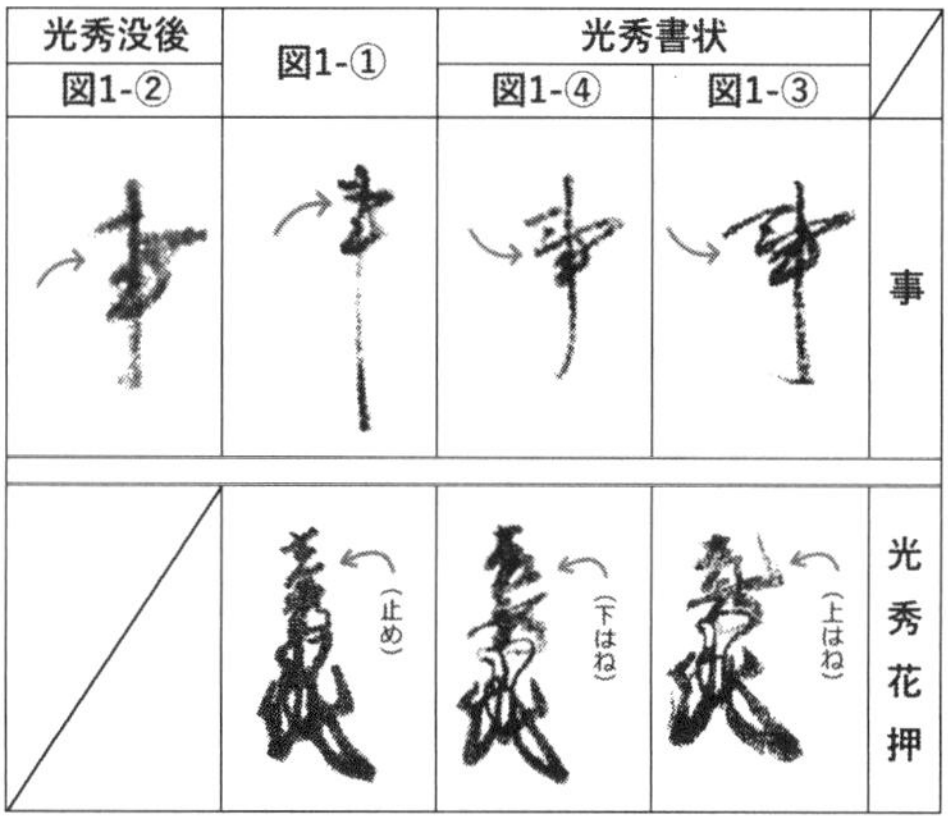

[図2]

◆蒲生賢秀

光秀との関わりを断ち、逃亡を図った者の中で、光秀をより一層困らせたのは蒲生氏の動きであったと思われる。

安土城の留守を任されていた蒲生賢秀は、信長、信忠が討たれたという情報を得たとたん、息子の氏郷と共に逃亡した。その際、信長の家族を連れ出している［4］。

蒲生氏は近江国日野城主で、近江国瀬田城主である山岡景隆と同じ、元六角氏家臣だ。元亀元年に信長から知行を安堵され、柴田勝家の与力として活動した後、天正三年九月に寄親の勝家が越前国に移ったことで独立。天正四年、安土に移った信長の旗本に組み込まれている。信長の人事は、在地したままの国衆に対し、在地性を失った家臣をあてがうやり方であったため、もともと近江国に在地していた蒲生氏が、安土に移った信長の旗本となったのだ。

安土城から信長の家族を連れて日野城へ入った蒲生氏は、六月九日に常願寺、十日には長命寺に蒲生氏郷の名前で禁制を出し［5］、戦に備える姿勢を見せた。

一般に、逃亡しただけのように認識されている蒲生氏だが、自城に戻り禁制を出して戦に備えるその行動は、光秀と対峙する者の動きといえるだろう。

七日の『兼見卿記』では、蒲生氏が降らないことを気にかける光秀の様子が記されている。

天下取りの常識

光秀を取り巻く状況は、本能寺の変より暗転し続けている。

このような事態を招く本能寺の変を光秀が起こしたとする『信長公記』には、その行為の理由について「信長を討ち取り天下を掌握しようと企んだ」と記されている。

だが、信長を討ち取ったところで天下は掌握できない。その理由を二つ挙げたい。二つとも、極めて基本的なことである。

一つは、近畿の諸国をほぼ掌握した信長の勢力は大きなものではあるが、周辺には毛利、上杉、北条といった諸勢力が健在している。信長自体が、まだ天下を取っていないのだ。織田政権を商業や流通の面から分析した脇田修氏は、織田政権が首都市場圏を制圧したとはいえ、なお領国市場の大半は敵対する戦国大名の手にあったことや、瀬戸内海を掌握していないこと、日本海岸も能登から伯耆までを占領していたにすぎなかったことを指摘されている［6］。

二つ目に、これは最も根本的なことであるが、権力者になるには、権力者として公に認められなければならない。

例を挙げて説明すると、天文二十二年（一五五三年）、阿波国の一国人にすぎない三好氏が主君にあたる阿波国守護の細川持隆を殺害し、政権を掌握したことがある。この際三好氏は、持隆殺害の後に守護の地位につく人物として、持隆の息子である細川真之《さねゆき》を用意している。ただ持隆を殺しただけでは国人を強制的に動員することができず、「公権を掌握する必要があった」からである［7］。

この事例から、権力者を討ち取った者がそのまま、次の権力者として認められるわけではないことがわかる。「三好氏が政権を掌握した」と言っても、それは傀儡《かいらい》の守護を据え置いたその裏側で、間接的に政権を担う状態を指しているのだ。

永正四年（一五〇七年）、越後国の守護代であった長尾為景が守護の上杉房能《ふさよし》を殺害した際は、傀儡守護として上杉定実《さだざね》が据え置かれている。しかしそれでも、為景が権力を手中にしたわけではなかった。為景が発行する所領安堵の書状が効力を発揮するには、守護からの安堵書状も併せて必要だったのである。

その後、永正十一年（一五一四年）に長尾為景は傀儡守護の上杉定実すらも追放した。しかしそれでも、為景の所領安堵の書状には「新しい守護が就任した際に、守護の安堵書状を貰ってやる」という文面が見受けられる。未だ、為景の書状のみでは効力が発揮できなかったのだ［8］。

権力者として公に認められるかどうか、それは非常に複雑で難しい問題なのである。少なくとも、「信長を討ち取れば天下を掌握できる」などという、単純なものではない。

◆正しい天下の取り方

試しに、光秀が信長を討ち取り、信長に代わって政権の掌握を企む場合の正統な手順を検討してみよう。

まず、信長と、織田家の家督を相続している信忠を討つだけではダメだということは先の項で説明した通りである。公権を掌握するため、光秀は信長に代わる人物を用意しなければならない。

織田一族の中から、その条件を満たす人物を挙げていきたい。

すでに殺されてしまっているが、家督を譲られていた信長の長男信忠は、天正九年三月に行われた馬揃えの際、八十騎の馬廻りを連れていた。この時、次男信雄は三十騎、三男信孝、信長の弟の息子で光秀の娘婿である信澄、信長の弟である信包など、三男以降の者はそれぞれ十騎を連れている〔9〕。率いる騎兵の数は織田一族における序列の現れであるから、信忠がいない今、信雄が最も上位となり、その他の者達は誰であろうと同じくらいの価値があるといえる。信長の地位に据え置く候補者として第一に挙げられるのは、順当にいけば信雄だ。

だが、光秀にとって最も利用しやすいのは信澄である。信澄は光秀と血縁関係にあるうえ、さらに都合の良いことに、信長の弟の子供であるにも関わらず信長の三男以降と同等の扱いを受けている。信長の代わりに据える織田一族の者として、光秀にとってこれほど条件の良い人物はいない。

信長を討ち、光秀が政権を掌握する方法として現実的なのは、信澄と共謀し、信雄をはじめとする他の織田一族（信孝や信包ら）を牽制しながら公権を掌握するのが妥当だと思われる。

◆信澄

ところが、六月五日、摂津国大坂城にて信澄は、信長の三男信孝と丹羽長秀に襲撃され殺害された〔10〕。この襲撃に、蜂屋頼隆が加わっていたとする史料もある〔11〕。

『多聞院日記』には、「信澄が光秀の娘婿であったことから、光秀と共謀して信長を殺害した疑いを持たれた」と記している。先に述べたように、光秀が本当に政権を掌握しようと企んでいたなら、それは至極当然の発想である。しかし、日記の続きに「それは誤報であった」と書かれている。

高柳光寿氏も『明智光秀』において、光秀と信澄が共謀していたのであれば、二日に信長を襲撃してから五日に信澄が殺されるまでに、光秀と信澄の間で何か積極的な行動を行っていたはずだと指摘し、両者は共謀していないと結論づけている。

あれほどまでに信長に代わる人物として適任であった信澄と、光秀が共謀していないという事実は大きい。

◈信雄

では、信長の地位に据え置く候補者として最も上位に挙げられる、次男の信雄はどうだろう。

本能寺の変が起きた時、信雄は伊勢国松ヶ島城にいた。変報を受け、ひとまず近江国甲賀郡まで向かったらしいが、伊賀の動きが不穏なためそれ以上西には動けなかったという［12］。

信澄という有力な候補者を失った光秀だが、信雄と連携を図っていたかというと、すでに戦に備えている近江国日野城の蒲生氏の存在もあり、信雄との接触は難しかった。また、光秀と信雄が共謀している様子や痕跡は見あたらない。

◈織田一族

他の織田一族はどうだろうか。

本能寺の変が起きた時、安土城に在城していた信長の家族らは、留守を任されていた蒲生氏によって日野城へ連れ出されている［13］。そのため、光秀が織田一族と接触することはできなかった。

七日の『兼見卿記』に蒲生氏が降らないことを気にかける光秀の様子が記されていたが、蒲生氏によって生き残った織田一族との接触の機会が断たれたのであるから、気になって当然なのである。このことは、光秀の進退に深刻な打撃を与えたに違いない。

また、ルイス・フロイスの『日本史』に、山岡景隆が瀬田大橋を切断したため信長と信忠が殺されたという第一報以降の正確な情報が安土には来なかった、とあることはすでに述べた。瀬田大橋の遮断については、これによって光秀が安土へ行けなくなったことに目を向けられがちだが、光秀に関しては、行こうと思えば船を使って安土に渡ることが可能だ。よって瀬田大橋を遮断する究極の目的は、光秀に橋を渡らせないことではなく、すでに述べた「光秀との別離の意を公に示す」と共にもう一つ、「安土にいる者たちが、橋を渡って光秀のもとへ流れることを防ぐ」という目的があったと考えられる。

このような状況からわかる通り、光秀は、信長亡き後の織田政権に関与する手立てを全て封じられ、孤立の一途をたどっている。どうあっても光秀は、信長に代わる人物を用意できないようにされているのだ。

また、この肝要な人物を用意していなかったということが、光秀に、信長に代わろうとするもくろみのなかったことを証明している。

◆信孝

信長に代わることができる織田一族の中で、唯一積極的な動きを見せたのは、信長の三男信孝である。

信孝という人物は、そもそも次男の信雄よりも二十日ほど早く生まれていたらしい。しかし母親の身分の低さからか、三男として扱われている。立場としては信澄と同格なようで、遊撃軍を率いて各地を動き回りながら、信長側近としての役目を果たしていた[14]。

天正十年五月七日付の信長書状により讃岐国を領地とすることが約束され[15]、二十八日に丹羽長秀や蜂屋頼隆と共に住吉に移動し、四国への出発を待っていた。共に四国へ向かう予定であった信澄は別行動をしており、大阪城にいたというが[16]、信孝は政変後すぐ丹羽長秀らと共謀し、政変とは無関係だった信澄を、光秀と共謀したという罪を着せて殺害した。

信忠、信澄亡き今、あとは信雄を抑えさえすれば、信孝は信長に代わる人物として最も優先されるべき存在となる。そしてこの時、その信雄は、伊賀国や蒲生氏を警戒せねばならず、動けないでいた。

政変後、信孝を囲む状況だけが能動的に推移しているのである。

そして決定的なのが六月八日の『松井家譜』にある、松井康之という細川氏の使者が「光秀に協力しないことを丹羽長秀、羽柴秀吉に伝える」という記述である。この史料から、信澄殺害に協力した長秀と、中国攻略中であるはずの秀吉がすでに結託していることに加え、かなり早い段階から、細川藤孝が光秀を討つ勢力に加わっていたことが読みとれる。加えて信孝は、十三日付の書状で光秀の家臣筒井順慶に対し長秀や秀吉の動きを報告しており[17]、彼らが信孝を中心に結託していることがわかる。

次期織田政権を掌握するために据え置く人物として、信長の親族である信孝を立て、そこに人材を集める。これは光秀には見られなかった、まさに「正しい天下の取り方」のセオリーに則った動きといってよい。

◆首謀者

従って、ここにおいて自明となった、信長に代わって公権を掌握すべく動いている者達。つまり信孝と、信孝を立てて結託している織田家臣たちこそが、今回の政変、「本能寺の変」を企てた首謀者ではないかと思われる。

◆注

[1] 高柳光寿『明智光秀』(吉川弘文館、二〇〇五年)
[2] 同右
[3] 谷口克広著、高木昭作監修『織田信長家臣人名辞典』(吉川弘文館、一九九五年)
[4] 太田牛一著、桑田忠親校注『信長公記』(人物往来社、一九六五年)
[5] 滋賀県立安土城考古博物館『蒲生氏郷』(滋賀県立安土城考古博物館、二〇一一年)
[6] 脇田修「織豊政権の商業・都市政策」(藤木久志編『戦国大名論集17 織田政権の研究』、一九八五年)

〔7〕石躍胤央他『徳島県の歴史』（山川出版社、二〇〇七年）
〔8〕矢田俊文『日本中世戦国期権力構造の研究』（塙書房、一九九八年）
〔9〕太田牛一著、桑田忠親校注、前掲註〔4〕
〔10〕永島福太郎編『天王寺屋会記』（淡交社、一九八九年）
〔11〕多聞院英俊著、辻善之助編『多聞院日記』（角川書店、一九六七年）
〔12〕谷口克広著、高木昭作監修、前掲註〔3〕
〔13〕太田牛一著、桑田忠親校注、前掲註〔4〕
〔14〕谷口克広著、高木昭作監修、前掲註〔3〕
〔15〕奥野高廣『増訂織田信長文書の研究』（吉川弘文館、二〇〇七年）
〔16〕谷口克広著、高木昭作監修、前掲註〔3〕
〔17〕同右

第二節◆誤解

◈日記類の証言

現在、光秀が本能寺を攻めたことは動かし難い事実のように思われており、それについての様々な「根拠」も提示されてきた。その最も端的な証拠が、本能寺の変当日の日記類にみえる、「光秀が信長を襲撃した」とする記事である。ここでは、これら日記類の証言について考察していきたい。

先の節ですでに取り上げているが、この日の出来事を多聞院英俊の『多聞院日記』は次のように記している。「信長於京都生害云々、同城介殿も生害云々、惟任并七兵衛（コレハウソ）中合令生害云々、今暁之事今日四之過ニ聞へ了」。要約すると、「信長が京都で殺され、また信忠（城介殿）も同様に殺された。今日の早朝に光秀と信澄（七兵衛）が手を組んで行ったことだと最初は聞いたが、（コレハウソと記してあることから）後ほど信澄は無関係であるとわかった」という。ここで指摘したいのは「云々」という表現である。「云々」は引用文に用いられる言葉であるから、この日の日記は英俊が聞いた話を書いているということになる。

『蓮成院記録』では、「どうやら京都本能寺で信長が生害されたらしい。詳細を知る者から聞いたところ、光秀が西国へ出陣するための挨拶に向かうと言って人を集めて、未明に四方から押し寄せ謀叛を企てた。信長の命運はつきていたのか、この時ばかりは油断していたので側近も十四、五人ばかりだったという。信長は火をつけて切腹。信忠は妙覚寺にいたが、信長への救援も間に合わず、二条殿へ移ることにした。中にいた誠仁親王は脱出させてもらえた。三度は敵を押し返した信忠勢だったが、多勢に無勢で敗北する。洛中洛外は騒動になった。というような内容の注進が奈良にも入ってきたので、詳しい情報を知るために飛脚を派遣したが、宇治より先が通行不可能であった」と書かれてある。京都に入れず、状況の確認が取れない中で登場する「詳細を知る者」の話の信憑性はさておき、要するに『蓮成院記録』も、誰かから聞いた話を書いているのである。

これら大和国の記録に対して、現場に近い吉田兼見の『兼見卿記』は、この日のことを次のように記述している。「早天當信長之屋敷本應寺而放火之由告來、罷出門外見之処治定也、即刻相聞、企惟任日向守謀叛、自丹州以人数取懸、生害信長」。要約すると、「この日早朝に信長のいる本能寺が放火された。吉田兼見が外に出た時にはもう既におさまっていたが、聞いた話によると光秀が丹波の軍を自ら率いて信長を攻めたらしい」とある。「即刻相聞」という記述から、兼見ですら、一連の出来事を噂話で聞いたというのだ。

山科言経が記録した『言経卿記』はどうだろう。「卯刻に光秀が謀叛により本能寺に押し寄せ、信長が討ち死にする。妙覚寺にいた信忠は御所にこもるが討ち死にし、村井貞勝も死んだ。誠仁親王は内裏へと逃げ出して無事であった。言語道断の出来事で洛中は騒動になる。是非に及ばず」とある。光秀が本能寺を攻めたということを唯一断定形で書いてあるも、その後光秀の敗北が決定的になるまでの間、言経は日記を書いていない。この年に入ってからというもの、言経が日記を書かない日はなかった。京都の変事に際し記録を止めてしまうのは不自然なことだ。また、この頃の『言経卿記』は誤記も多い。日付を誤っていたり、日付と共に記される干支を誤っていたり、干支自体が書かれていないこともある。

加えて『言経卿記』十三日の記述に、他の史料では確認が取れない明智軍による二条御所の放火や、明智軍の首が本能寺に晒されていたことを記してしまっている。十三日は「山崎の戦い」が行われた日であり、その同じ日に京都で明智軍が動いていたり、首が晒されているのはおかしい。明智軍の首が晒されたのを十四日と記している『天王寺屋会記』が妥当と思われることから、山科言経は十三日の日記を、十四日以降に追記している可能性が高い［1］。

これまで我々は『御湯殿上日記』『言経卿記』『晴豊公記』『兼見卿記』『多聞院日記』『蓮成院記録』といった日記を参考にして多くの出来事を見てきた。当時の日記は自分のためではなく、一族繁栄のために子孫が見ることを想定して書く門外不出の家宝という扱いであり、いうなれば公式文書のようなものであった。どのような人物と交流があったのか、どのような出来事があったのかをできるだけ正確に残しておくことが、子孫の人事交流に役立っていたのである［2］。

しかし、本能寺の変について書かれたものを見ると、『御湯殿上日記』は欠損、『言経卿記』は六月四日から十二日まで無記入、『晴豊公記』は天正十年四月から九月までが『日々記』として別の場所で発見され、『兼見卿記』は以前から指摘してきたように日記が二冊ある。京都から離れた大和国の『多聞院日記』や『蓮成院記録』はいつも通り書かれているように見えるものの、その内容は伝聞となっている。

要するに、これまで参考にしていた全ての史料に異変が生じており、本能寺の変について詳細を記した、まともな史料がない。

本能寺の変に光秀が関わっているという話は数あれど、それは伝聞などの情報であり、裏付けのない話ばかりなのである。

◈ 謀叛の定義

また、当時の「謀叛」という言葉の定義を見直す必要もありそうだ。

当時の「謀叛」の定義は広い。概して、敗者のことをそう呼んでいるようなふしがある。

元亀四年に将軍である足利義昭が敗北した時、格下のはずの信長に「公儀御逆心」や「公儀不慮の趣」といわれている[3]。当時は、「謀叛」(この場合は逆心や不慮の趣)という言葉が、自身の仕えている主君に背くという意味を超え、敗者、もしくは情勢に背いた者に対する建前上の表現として使われていたのである。

時代が下ると共に「謀叛」という言葉の意味が「主君を裏切ること」に限定されるようになり、残った記録の「謀叛」という単語から、反逆者としての光秀像が確立されていくわけだが、当時の人は、「謀叛」と聞いたところで、光秀が主君を裏切ったという風に、まともに受け止めはしなかったのだろう。

「光秀が謀叛を起こし」などと記録に留めながら、その理由を詮索した形跡がないのは、「謀叛」という言葉がしばしば、敗者に対し建前上使われる言葉であるとわかっていたからだ。

◆京都へ向かう

『信長公記』に「光秀は最初は予定通り中国方面へ向かっていたが、途中で引き返して京都へ向かった」とある。

光秀が本能寺の変を起こしたという前提に囚われていたこれまでは、「敵は本能寺にあり」などと言わせて光秀を京都へ向かわせる演出と共に、京都に進路を変えることこそが信長への叛意の現れと解釈されていた。

しかし、光秀が本能寺の変を起こしていない場合にしても、『信長公記』の記述を額面通り受け取って差し支えがないことに気づいてほしい。すなわち、当初予定通り中国方面へ向かっていた光秀が、本能寺の変を知り、急遽京都へ向かったということである。まさに、敵が本能寺にいたのだ。

また、遠征へ向かう際の集合場所として、信長自身が京都を指定し、明智軍を呼び集めていたことも想定できる。

天正四年五月四日、天王寺砦へ救援に向かう信長は、分国衆に対し、京都に集まり次第大阪へ出陣するよう指示を出している［4］。天正六年四月二十四日付けの書状では、播磨国に出陣する軍勢を京都に集めるよう指示を出している［5］。

京都以外の場所であっても、軍勢を一度集めてから出陣する事例はある。天正十年三月五日の『宇野主水日記』に、甲斐、信濃国へ向かう信長が、軍勢を岐阜に集めてから出陣したことが記されている。

以上のことから、軍勢が京都に入ったこと、光秀が京都へ向かったことをもって叛意の現れと解釈することはできない。

◈ 千載一遇のチャンス

信長が警備の手薄な本能寺で宿泊していることを知り、これを千載一遇のチャンスと捉えて衝動的に殺意が芽生えたとする「突発説」なるものもある。これについてはどうだろうか。

そもそも信長は、光秀の「定家中法度」に「信長の御座所（居室・居場所）は光秀の近辺にある」と記されている通り、光秀の近くに居て、光秀の軍勢が信長の脇を固めて警備している。光秀が信長を討つのであれば、チャンスはいくらでもあるのだ。

本能寺の変が「千載一遇のチャンス」に乗じて起こったというのであれば、討とうと思えば何時でも信長を討てる光秀に当てはまる表現ではない。

信長を攻める「千載一遇のチャンス」とするにふさわしい、警備が手薄な状態とは、むしろ、光秀がいないタイミングを指すのではなかろうか。

◆安土の事件

信長を攻める千載一遇のチャンス、つまり光秀が信長の側を離れ、警備が手薄になった瞬間は、前年（天正九年）の四月に一度あった。

細川藤孝に誘われ、光秀が丹後国へ行った時のことである（明智光秀章十一節）。

この時の信長の動きを思い出してほしい（織田信長章十三節）。光秀が旅行に行く同じタイミングで、信長も竹生島詣へ出かけ、しかしすぐに引き返すと、安土城から出て行った女房衆を処罰するという事件が起こっている。竹生島詣に行ったのであれば、竹生島の文書に何か記帳されていてもよさそうなものだが、そのような記録が残っていない。それでは、この一連の信長の動きは、一体何だったのだろうか。

現在、この一連の信長の動きを「苛烈できまぐれな信長の奇行」で済ませてしまっていることが多いようだが、我々は、この時安土で起こった出来事を、本能寺の変の成り損ねと考えている。そう考える理由を説明したい。

まず、『浅井三代記』に、竹生島詣が絡む、今回の信長と似た動きを見出すことができる。その詳細を記した『戦国武将の竹生島信仰』によると、浅井長政の父である久政が当主であった時代に、久政が竹生島へ参詣に出掛けて城を留守にした隙をねらって、久政の政治方針に不満を持っていた四人の家臣が長政を説き伏せ、城を乗っ取る事件があった。竹生島から帰ってきた久政は激怒したが、手持ちの兵力ではどうすることもできず、家督相続を認めさせられたとのことである。

『浅井三代記』に記された内容が史実かどうかは別として、この度の信長の動きが浅井家中で起きた謀叛の際の動きと似ていることに着目したい。すなわち、城を乗っ取られるほどの危機的状況に類似するトラブルが信長の身にも生じていたのではなかろうか。

加えてこのような出来事が、光秀のいない間に起こっていることは看過できない。

出掛けた先で様々な振る舞いを受けている光秀が、前もって旅行の日程を組んでいたことは明らかで、それはつまり、光秀が何時どの程度信長の側を離れるのか、多くの人が認知できたということである。

十三日、信長は側近の文官である長谷川秀一と野々村正成に対して知行を追加で与え〔6〕、二十日に小姓衆の森成利（乱丸）へ近江国内に五百石を与えている［7］。時期的なことを考慮すると、今回の事件の際、信長の身の回りにて何らかの働きがあった者達だったのではなかろうか。

一方、この時信長への協力を拒み、安土にいた女房衆をかくまった桑実寺は六角氏ゆかりの寺であり、本能寺の変が起こった際、いち早く光秀を拒絶した山岡氏、安土にいた者達をかくまった蒲生氏らは六角氏のもと家臣たちである。六角氏は、安土における事件の際も、本能寺の変の際も、安土にいた者達をかくまうという同質の動きを見せている。

信長の側に小姓衆くらいしかいない状況。光秀の動きを知ったうえで、丹後国にて動きのない細川藤孝など、本能寺の変と安土の事件には多くの共通点があるのだ。そしてなにより、どちらも光秀が信長の側を離れたタイミングで起こっている。

◆明智の者

『信長公記』には「信長がこれは謀叛なのか、誰が企てたものかと尋ねると、森成利（乱丸）が明智の者と見えると応えた」という記述がある。そもそもこのような会話を誰が記録したのかなど、これ自体不審な記述ではあるのだが、一応このようなやりとりがあったとして、成利の証言について話を進めたい。

　さて、この時森成利は「明智の者」と言っている。光秀とは言っていないのである。従って、まずは「明智の者」とはどのような者を指すのかを把握したい。

　織田軍の軍事パレードとして名高い天正九年の馬揃えを伝えた『信長公記』を参考に明智軍の構成を見ると、この時光秀の寄下には、大和衆、上山城衆が組み込まれていた。よって大和衆、上山城衆は「明智の者」に該当する。さらに、光秀が平定した丹波国の丹波衆。そして、天正八年の佐久間信盛追放に伴い、信盛が従えていた池田恒興率いる摂津衆らが光秀の配下になったとの指摘もあるので［8］、広い意味では摂津衆、河内衆、和泉衆ら近畿一帯の軍勢も「明智の者」に属しているとみなせるのかもしれない。『信長公記』の記述を信頼するとすれば、これら国衆の中から謀叛を起こした軍勢があったということになるわけだ。

　ところが、たとえ「明智の者」が謀叛を起こしたとしても、光秀にその責任が問われることはないだろう。

　これまで光秀は、永禄十三年に山本対馬守・渡辺宮内少輔・磯谷久次、天正四年に波多野秀治、天正六年に荒木村重など、自身の手の者の中から幾度となく謀叛人を排出している。にもかかわらず、その責任を問われたことは一度もない。荒木村重のケースなど、光秀と縁戚関係まで結んでいたというのに、咎めはなかった。

　元来、国衆というものの実体は、軍事面で指揮下に入っていたとしても家来ではなく、平事はその家に従属するものではなかったらしい［9］。そのため、国衆は家内の支配機構に関与せず、ただ軍役の一部を負担するだけの集団であったようなのだ［10］。

理想を言えば、「明智の者」である以上、光秀の寄下に加わっている者たちは皆光秀と心を一つにし、光秀の意のままに動く集団であるべきだ。光秀も、そうあるように力を尽くしてはいただろう。しかし実際は、在地したままの国衆に対し、在地性を失った家臣をあてがう信長のやり方のもろさが、このように幾度となく露見していたのである。

自身の手の者から謀叛人が出たとしても光秀に咎めがなかったのは、独立性の強い各集団の行為について、光秀を責めたところでお門違いであるということを、信長をはじめとする当時の人々が承知していたからに他ならない。

そのため、たとえ「明智の者」が謀叛を起こしたとしても、それがすなわち光秀の指示によるものであると断定することはできないのである。

◆三日前の手紙

光秀に謀叛の意志があったと主張する証拠として、六月二日付けで光秀が美濃国の西尾光教という人物に宛てたとされる書状がある。内容は「悪逆の信長父子を天下の為に討ち果たした。こちらに協力してもらえるなら大垣城を渡す。詳細は山田喜兵衛から伝える」とある（『武家事紀』）。

ところが、先の書状を届けに美濃国へ行ったとされる光秀の使者、山田喜兵衛が、この頃石見国の福屋隆兼に書状を届けていたことがわかり、六月二日付の西尾光教宛書状は偽文書とみなされるようになった［11］。

山田喜兵衛が石見国に届けたことが確かである福屋隆兼《たかかね》宛の書状は、五月二十八日付で、書状の内容は明智光秀の章十二節にてすでに述べた通り、隆兼と伯耆国の南条元続の働きについて光秀が高く評価しているということや、中国攻略において織田軍はまず備中国の毛利軍と対陣するが、状況によってはそこから山陰道へ方向を変える可能性があるため、山陰道に入った際には協力を願いたいという、ごくごく普通の内容の書状である［12］。

本能寺の変はこの書状を出した三日後に起こっている。

政変の三日前であるにもかかわらず、特に変わった様子のない書状を認める光秀のありようから、それでもなお光秀が本能寺の変を起こしたということを前提にこれを見ると、「三日前までは謀叛を起こす予定がなかった」とか、「謀叛を起こすことを悟らせないためのカモフラージュだ」などという、無理のある解釈をせざるを得ない。しかし光秀が本能寺の変を起こしたという先入観を捨て、素直に福屋隆兼宛の書状を見るに、この三日後に信長が亡くなるなどとは夢にも思っていない光秀が、中国攻略に向けていつも通り準備をしていた様子がうかがえるのである。

◆筒井順慶

本能寺の変が起こった時の国衆の行動すら、光秀が掌握していたとは思えない。大和衆、筒井順慶の動きを見てみよう。

筒井順慶は、天正八年に光秀と滝川一益によって実行された一国破城と指出の後に大和国を任され、大和国を治める順慶を光秀が治める形で信長の支配下に置かれていた、光秀寄下の人物である。ところが順慶は、本能寺の変に際し光秀に協力することも、細川藤孝や山岡景隆のように明解に、光秀との関係を断つ政治決断を下すこともできず、優柔不断な態度を取り続けた。この時の順慶の態度は、後に「洞ヶ峠」または「日和見」といわれ、有利な方につこうとして形勢をうかがう様を例える言葉として使われるまでになった。

『多聞院日記』によれば、本能寺の変が起こった六月二日、筒井順慶は京都にいたという。先に述べたように大和衆を率いる順慶は間違いなく「明智の者」であるから、本能寺の変が起こった時、明智の者は確かにそこにいたことになる。

ところが、本能寺の襲撃があったことで大和衆は大和国に戻ったという［13］。

二日後、大和衆の一部を光秀の応援に出そうとするも、次の日応援に出した兵を大和国に呼び戻す［14］。

光秀寄下で本能寺にいた大和衆が、変事に際し後手後手の対応を取っているのである。光秀の指示に従い襲撃を実行したのであれば、このタイミングで光秀に対する対応に迷うのはおかしい。

五日、光秀の使者である藤田伝五が大和国に逗留し、筒井順慶へ援軍要請の説得を行っている。しかしながら、羽柴秀吉が毛利氏と和睦を済ませ近い内に戻ってくる噂があることや、堺にいる信孝と秀吉が手を組む動きもあったことから、これを考慮すると、順慶は信孝や秀吉らに協力するだろうと大和国の人々は憶測した［15］。

この記述から、光秀に対抗する勢力として、信孝の持つ四国攻めの軍と、羽柴秀吉の持つ中国攻めの軍が即刻利用されていることがわかる。馬廻りだけを連れて動いていた信長と違い、軍隊規模で動いている光秀の襲撃は容易ではない。光秀を討つ際は本格的な軍事衝突が想定されるため、少しでも多くの兵力を持ち、光秀に協力する可能性がある勢力はできる限り謀略しておくことが望ましかった。

突如起こった変事への対応に追われる光秀に対し、光秀に対抗する勢力は、信長の後釜に信孝を据え、光秀が公権を握ることのないように織田一族との接触を遮断すると同時に、戦闘準備が整った状態の兵を光秀を討伐するための軍勢として転用し、堺に集結させていたのである。

光秀につくか信孝につくか、決断が迫られる筒井順慶は九日、それでも再び光秀へ援軍を出そうとして、また踏みとどまって軍勢を呼び戻した。この夜、藤田伝五は順慶の説得をあきらめて帰ろうとしたらしい。が、順慶は大和国木津にて伝五を呼び止めたという［16］。

さんざん迷ったあげく、筒井順慶は信孝側につく決意を固めている［17］。十二日、決意を固めた順慶は国衆を集め、起請文を作成した［18］。

しかし翌日の「山崎の戦い」において、筒井順慶は戦況をただただ傍観していたらしい。十五日に上京した順慶は、その態度を羽柴秀吉に叱責されている[19]。

有利な方につこうと形勢をうかがう言葉を「洞ヶ峠」などと言うが、実際の筒井順慶が洞ヶ峠という場所で政治決断を下しきれずにいたわけではない。ただ、順慶が事前に何の指示も受けておらず、そのために何の準備もできていない状態で本能寺の変に遭遇したこと。また本能寺の変が起こってしまったことによって、今後の進退について迷わざるを得なくなったことが、はっきりと見て取れる。

以上の通り、日記類に見える証言や光秀が京都へ向かったこと、信長襲撃のチャンスであったこと、光秀の軍がいたことなど、光秀謀叛の証拠とされるものすべてに、何らかの手落ちが認められるのである。

◆注

[1] 岩沢愿彦「本能寺の変拾遺——「日々記」所収天正十年夏記について」(日本歴史地理学会編『歴史地理91』、一九六八年)
[2] 岡田芳郎『日本の暦』(新人物往来社、一九九六年)
[3] 奥野高廣『増訂織田信長文書の研究』(吉川弘文館、二〇〇七年)

［4］吉田兼見著、斎木一馬・染谷光広校訂『兼見卿記』（続群書類従完成会、一九七一年）
［5］奥野高廣、前掲註［3］
［6］太田牛一著、桑田忠親校注『信長公記』（人物往来社、一九六五年）
［7］谷口克広著、高木昭作監修『織田信長家臣人名辞典』（吉川弘文館、一九九五年）
［8］高柳光寿『明智光秀』（吉川弘文館、二〇〇五年）
［9］矢田俊文『日本中世戦国期権力構造の研究』（塙書房、一九九八年）
［10］松原信之『越前朝倉氏の研究』（三秀舎、二〇〇八年）
［11］藤本正行「遠征の作法―明智光秀の福屋隆兼宛書状の場合―」（中世城郭研究会『中世城郭研究25』、二〇一一年）
［12］桐野作人『だれが信長を殺したのか』（PHP研究所、二〇〇七年）
［13］多聞院英俊著、辻善之助編『多聞院日記』（角川書店、一九六七年）
［14］同右
［15］竹内理三編『蓮成院記録』（臨川書店、一九七八年）
［16］多聞院英俊著、辻善之助編、前掲註［13］
［17］同右
［18］谷口克広著、高木昭作監修、前掲註［7］
［19］多聞院英俊著、辻善之助編、前掲註［13］

第三節◆迅速

◈中国大返し

本能寺の変を知った羽柴秀吉は、高松城から京都へと驚異的な速さで軍勢を引き連れて大移動を行ったという。この時の行軍を「中国大返し」と呼ぶ。一般に、光秀は秀吉がここまで迅速に帰還できると予測することができず、これによって戦局が大きく変わり、光秀の敗戦が決定付けられたと認知されている[1]。

確かに、羽柴秀吉の帰還によって、光秀の戦況がより一層不利になったことは間違いない。しかしながら、秀吉の行軍に関しては、イメージや忠誠心で片付けられ過ぎているように思う。まず、「驚異的な速さ」というのは、具体的にはどの程度の速さだったのか。また、なぜ秀吉は「驚異的な速さ」で帰還することができたのだろうか。

高松城から京都までの距離はおよそ二百キロ。中国大返しでは、この行程をひたすら走り続けたような印象を受けるが、残された書状による移動の様子をみていくと、そうではないことがわかる。

六月五日に備中国高松城にて和睦を調えた羽柴秀吉は、翌日に播磨国姫路城に入った。約一日で、移動した距離は約九十四キロである。六日から八日まで姫路城にいた秀吉は〔2〕、九日に播磨国明石を通過する。約一日で、移動した距離は約三十六キロである〔3〕。九日に明石を通過した秀吉は、十一日には摂津国尼崎に着陣する〔4〕。約二日で、移動距離は約四十三キロであるから、一日平均は二十二キロである。十二日に尼崎を出発した秀吉は、当日摂津国富田に着陣する。移動距離は約二十四キロである〔5〕。十三日に富田を出発した秀吉は、当日京都山崎に着陣する。移動距離は約十三キロである〔6〕。

こうして並べると、行軍を急いでいたのは、初日の高松～姫路間のみであったことがわかる。これは、元亀元年に信長が見せた、金ヶ崎～京都間を一日で約九十八キロ移動した実績に匹敵する速さだ。ただし、そのまま三日間、羽柴秀吉は姫路城に滞在している。おそらく、まず秀吉だけでも先だって姫路城に到着し、その後全員が揃うまで待っていたのだろう。

そしてそれ以降、羽柴秀吉の平均移動距離は一日約二十三キロとなる。

一日約二十三キロという速度について、他の行軍と比較してみると、天正六年五月四日、光秀は明石～書写山間を歌を詠み、名所を見物しながら一日で約四十五キロ進んでいる。信長が甲斐、信濃国を観光した時の平均移動距離は約三十三キロだ。取り立てて急いでいるとも思えないこれらの行軍より、羽柴秀吉の行軍速度は遅い。秀吉は初日以外、普通以下の速度で移動していたのである。

従って、羽柴秀吉が「驚異的な速さ」で帰還できたのは、移動速度が速かったからではない。羽柴秀吉が驚異的に速かったのは、秀吉のもとへ本能寺の変についての情報が届いた速さと、その情報に対する対処の早さである。

何しろ、高松城に居た羽柴秀吉が、本能寺の変が起こった三日後には、京都へ向けて移動を開始しているのだ。

◈通常の情報伝達速度

関東にて諸大名と対峙していた滝川一益は、本能寺の変より七日後の六月九日に本能寺襲撃の第一報を受けた。ほぼ同時期にその情報を入手したであろう北条氏政は、十一日付けで真偽を問う書状を一益に対して送っている［7］。

毛利氏は六月六日に本能寺の変についての風聞を知るが、それは織田信澄、柴田勝家、光秀の三名によって信長、信忠が討たれ、信孝が自殺に追い込まれたという内容であった［8］。

かつて（元亀元年）、信長が浅井氏に裏切られた際、浅井氏から裏切られる覚えがないということで信長は最初、その情報を信じなかった。確認を繰り返し、何度も同じ情報を得てようやく確信するに至っている［9］。

荒木村重に謀叛の疑いがかけられた時（天正六年）には、光秀・松井友閑・万見重元（仙千代）・羽柴秀吉らによって二度確認に行かせた。松永久秀が謀叛を起こした時（天正五年）にも、松井友閑を向かわせ確認を行っている[10]。

正確な情報をつかむことがいかに難しく、時間のかかることだったかを知ってほしい。

ゆえに、本能寺の変のような青天の霹靂のごとき重大情報に対し、何の確認行為もせずこれを信用し、即座に次なる行動へ移行できた者は異常であり、不審なのである。

◆異常な迅速さ①（情報到来）

羽柴秀吉が本能寺の変の情報を入手したのは四日[11]。政変の二日後である。秀吉同様、離れた場所に居た滝川一益が本能寺の変の情報を入手したのが九日だったことを思うと、格段に早い。

さらに、羽柴秀吉はもたらされた情報の真偽を疑った形跡がなく、そのまま次の行動に移っている。すなわち、毛利氏と和睦し、京都へ戻るために陣を引き払ったのである。

ところで、この時の和睦は羽柴秀吉が急遽持ちかけたもののようにいわれているが、実際のところどちらが言い出したのか明らかになっていない。毛利氏側の後世の記録では秀吉が言い出したことになっているが、当時の記録を見るに、毛利氏側が持ち出した可能性も否定できない[12]。

また、そもそも羽柴秀吉は天正元年頃より安芸国のためになる人材として毛利氏に評価されていた。六月二十六日付秀吉書状には、本能寺の変以前から秀吉と毛利氏が和睦交渉を行っていたことが記されている。そしてそれによると、毛利氏の所有する五国の領土を明け渡すことが和睦の条件となっていたところを、政変を機に交渉を進めたことで、清水宗治という外様武将を切り捨てるだけで和睦が成立し、毛利氏は五国の領土明け渡しを条件から外すことに成功している。このタイミングでの和睦交渉は毛利氏にとって好都合だったようで、七月十八日付の毛利輝元から秀吉家臣の蜂須賀正勝に宛てた書状には、和睦に尽力してくれた正勝に感謝する内容が書かれてある[13]。再三述べているように、通常、領主にとって重要なのは自国の領土を守ることなのである。中央を目指して他国を侵略し天下を統一する野望を持つといった戦国思想は、後世の人が作り上げた物語的価値観であり、当時の一般的な考え方ではない。

毛利氏は六日に本能寺の変についての風聞を知ったというが、それは先に記した通り信澄と光秀、そして柴田勝家の三名によって、信長、信忠が討たれ、信孝が自殺に追い込まれたという内容であった[14]。誤報ではあるものの、信澄を筆頭に光秀が続くこの誤報の方が、よほどまともな政変の有り様を伝えてはいる。

◆ 異常な迅速さ②（禁制発行）

四日、斎藤利尭《としたか》という人物が、美濃国の崇福寺・瑞龍寺・善福寺に禁制を出している[15]。こちらも本能寺の変より二日後のことだ。

『広辞苑』によると、禁制とは「ある行為を差し止めること」で、多くの場合、寺社の敷地内における「乱暴狼藉」「領地内に陣を敷くことや、放火すること」「領地内に植えてある竹や木の無断伐採」等を禁止することを、その土地の権力者が保証するものである。従って、禁制が発行されるということは、その地域において軍事行為が起こることが予期されているということでもある[16]。

禁制を出した斎藤利尭は、政変の後信孝の家臣となっており、信孝の意向を受けて動いていることが想定される人物だ。

信長、信忠が死亡した現状から言えば、家督は信雄が継ぐことになるのが自然だが、信孝はそれに先立ち、織田氏の地盤である美濃国を見据え、この地にて軍事行為が起こることを見越しているのである。

京都にいる吉田兼見ですら、一連の政変を噂話で聞いたくらいにしか情報を掴んでおらず、前述した毛利氏の掴んだ情報[14]や大和国の『多聞院日記』を見るに、流布している情報はかなり不確かであった。このような中、京都、大阪、美濃国間を使いをやって往来するだけでも時間がかかるはずであるのに、信孝の一連の対処は、羽柴秀吉同様迷いがない。

この間光秀は、大津、松本、瀬田に陣取ることくらいしかできていない[17]。この時点で、光秀が美濃国へ向けて軍事行為を起こす可能性は低く、この度の速過ぎる美濃国での禁制は、もはや光秀との戦闘を想定したものではなく、織田一族の抗争に備えた行為であることは明らかである。

光秀は六日に近江国多賀神社、七日に山城国の上賀茂神社と貴布禰《きふね》神社にようやく禁制を出しているが[18]、場所は近江国や京都であり、やはり美濃国に手は届いていない。

斎藤利尭による禁制が発行された翌日、信孝は丹羽長秀らと共謀し、政変とは無関係だった信澄を、光秀と共謀したという罪を着せて殺害した。信孝の見据えるべき敵は、すでに光秀ではなく、次期織田政権を担う可能性のある同族たちだったのだ。

一方、織田一族の中で信孝が最も警戒していたであろう信雄も、正確な日付が不明であるものの禁制を出してはいたようだ。場所は近江国常善寺と美濃国不破郡南宮神社である[19]。しかし、蒲生氏をはじめとする六角氏の家臣たちの不穏な動向に加え、家臣の中に伊賀国の城を明け渡す者が出るなどして混乱しており[20]、信雄は自国の統制すらままならない状態であった。

◆『兼見卿記』と『兼見卿記(別本)』③

では、政変後、四面楚歌となった光秀がどのように動き、信孝らと対峙することとなったのかを確認していきたい。

そのためには、ここでまた、光秀の動きを記した重要な参考史料『兼見卿記』について述べておく必要がある。

天正十年正月〜六月十二日までの『兼見卿記』が二冊あることは、すでに指摘してきた通りであり、そのうち天正十年正月〜五月二十九日までの記録に関しては『兼見卿記（別本）』を正本として扱ってきた。ところが、兼見がリアルタイムで書いていた日記は、六月を境に『兼見卿記』に戻っているようなのだ。

本能寺の変が起こった六月二日の記録を比較したとき、『兼見卿記（別本）』には「聞いた話によると」という意味の「即刻相聞」という言葉が書かれておらず、断定形になっている。『兼見卿記』で噂として記録していた話題が、『兼見卿記（別本）』では明確な話として記録されていることから推察するに、通常、はじめうやむやだった話が後につまびらかになるものであるから、断定形で書かれている『兼見卿記（別本）』の方が、この日の出来事を状況がわかった後に書いた可能性が高い。

そのため本書では、六月以降の記録については、『兼見卿記』を正式記録として扱うことにしている。

◆ 十三日間の軌跡

それでは、光秀の動きを確認していこう。

五日、本能寺の変直後に落ちた瀬田大橋の修復を、三日という異例のスピードで終えた光秀が、安土に至る[21]。この日、信澄が殺害された。

六日、吉田兼見が光秀の使者となるよう、誠仁親王から指示が出る[22]。この時誠仁親王から、京都について光秀としっかり話し合うよう申し付けられたと『兼見卿記』にはあるが、ごまかしの日記『兼見卿記(別本)』では、単に光秀の使者に選ばれたということのみを記録している。

また、この日より、ようやく光秀が近江国で禁制を出している[23]。

七日、近江国はおおむね帰属したものの、蒲生賢秀が出頭していないことを、光秀は吉田兼見に話している[24]。一方ごまかしの日記『兼見卿記(別本)』では、兼見は鈴鹿喜介という使者を介して光秀と対面したとして光秀と距離を置きつつ、「今度謀叛之存分雑談」つまり、「今回の謀叛の詳細について話した」という文言をあえて付け加えている。

八日、光秀は摂津国の攻略の為、山科と大津に陣を組む[25]。

九日、光秀から上洛する予告を受けた吉田兼見は、光秀を出迎えるために京都白川まで向かった。今回の上洛に挨拶は不要であるとあらかじめ連絡していた光秀だったが、出迎えには公家衆や摂家の他に、気品のある者から卑しい者まで、様々な者達が到来する。光秀は出迎えてくれた人々に対して、路上での挨拶も必要はないことを告げたという[26]。

その後光秀は吉田兼見邸に入り、使者として働いてくれた兼見にお礼をするために上洛したことを告げると、吉田神社の修理という名目で銀子を与えた。さらに、禁裏へ銀子五百枚、京都五山の寺と大徳寺へも銀子百枚ずつを早急に進上している[27]。

十日、光秀は河内国へ向けて軍事行動を起こした[28]。しかしごまかしの日記『兼見卿記（別本）』では摂津国へ軍事行動を起こしたとあり、河内国と敵対していたことをなかったことにしている。これについては『多聞院日記』の九日に、河内国へ向かう予定だった筒井順慶が途中で引き返したとする記録があり、河内国を攻めようとしていた『兼見卿記』の記述を裏付けている。

十一日、下鳥羽に置いた本陣に戻った光秀は、廃城となっていた淀城の修理に着手する[29]。光秀が本能寺の変を自発的に起こしていたのなら、この期に及んで廃城をどうにかせねばならないという、このような備えのない事態になっただろうか。

さらに十二日には、播磨国から引き返してきた羽柴秀吉が摂津国に到着し[30]、丹波国勝龍寺城の西辺りを放火している。自軍の城の警備もままならぬなか、光秀は、播磨国からの軍勢が京都山崎表へ進撃してくるのを目の当たりにすることになる[31]。この日にて、『兼見卿記（別本）』の記述は終了した。

十三日夕方頃より、京都山崎にて、明智軍は信孝率いる丹羽長秀・蜂屋頼隆・羽柴秀吉・池田恒興・堀秀政・矢部家定・中川清秀・多羅尾光俊ら、四国平定のための軍に中国攻略のための軍が合流した軍勢と衝突する。「山崎の戦い」である。『多聞院日記』によれば、ここのところ連日大雨が降り続いていたようだが、火器に精通していた光秀の軍勢らしく、開戦と同時に鉄砲の音が鳴り響くと、その音は数刻にわたり鳴り止まなかったという[32]。

吉田兼見が光秀の敗軍を知ったのは京都からの通知であったらしい。敗走した明智軍は丹波国勝龍寺城に入り、戦死者は数知れず、「天罰眼前之由流布了」つまり、もうすぐ光秀に天罰が下るという噂が世間に広められた〔33〕。吉永昭氏は『御家騒動の研究』にて、争いに敗北した者の敗北の理由は、専ら勧善懲悪や因果応報に求められることや、流布される話の内容について、為政者の厳しい統制があったこと等を指摘されている。おそらく、今回流布された「光秀に天罰が下る」という話も、そのセオリーに則ったものだろう。

京都五条口より愛宕郡白川一乗寺周辺へ逃走した光秀の残党は、一揆勢によって徹底的に討ち取られている。この有様を目撃した吉田兼見は、堅く自宅の門を閉ざし警戒したが、落人が兼見のところへ到来することはついになかったとある〔34〕。

信孝率いる二万余りの軍勢は、丹波国勝龍寺城へ籠もったとみられる光秀を包囲した。しかしながらこの夜、光秀は勝龍寺城を退散したのではないかといわれている〔35〕。

十五日、城を出たとみられる光秀が醍醐にて一揆に討ち取られ、首と胴体が信孝に届けられると、翌日には本能寺にて晒されたという話を吉田兼見は聞いた〔36〕。この他にも、光秀は京都郊外の小栗栖というところで土民に殺害されたという噂話がある。有名な話ではあるが、山科の藪の中で百姓に首を切られて捨てられているのを拾ったという話があったり〔37〕、山科の藪の中で百姓が首を拾ったという話があるなど〔38〕、場所の特定には至っていない。

また、先ほどの日記や書状にもあったように、光秀の遺体は首を切られた状態で見つかったようであるが、首を切るという行為は手柄を証明するための行為であるからして、ただ切って置いておくはずがない。討ち取った本人が届けてしかるべきである。にもかかわらず、誰が光秀を討ち取ったのかは不明だというのであるから、このような心許ない情報では、これらの史料が光秀の最期を明確に記しているとは言い難い。そのため、届けられた首と胴体が本当に光秀のものだったのかなど、いまだ様々な憶測を呼んでおり、結局のところ、光秀がどこでどのように最期を遂げたのかは現在においてもなお不明のままである。

◇注

［1］中里融司『戦術～名将たちの戦場～』（新紀元社、二〇〇六年）
［2］東京大学史料編纂所編纂『大日本史料11』（東京大学出版会、一九六八年）
［3］同右
［4］同右
［5］同右
［6］同右
［7］谷口克広著、高木昭作監修『織田信長家臣人名辞典』（吉川弘文館、一九九五年）
［8］東京大学史料編纂所編纂、前掲註［2］

〔9〕太田牛一著、桑田忠親校注『信長公記』（人物往来社、一九六五年）
〔10〕同右
〔11〕東京大学史料編纂所編纂、前掲註〔2〕
〔12〕河合正治『安国寺恵瓊』（吉川弘文館、一九八九年）
〔13〕大阪城天守閣『秀吉の挑戦』（大阪城天守閣、二〇一〇年）
〔14〕東京大学史料編纂所編纂、前掲註〔2〕
〔15〕大久保俊昭『戦国期今川氏の領域と支配』（岩田書院、二〇〇八年）
〔16〕東京大学史料編纂所編纂、前掲註〔2〕
〔17〕多聞院英俊著、辻善之助編『多聞院日記』（角川書店、一九六七年）
〔18〕東京大学史料編纂所編纂、前掲註〔2〕
〔19〕同右
〔20〕多聞院英俊著、辻善之助編、前掲註〔17〕
〔21〕東京大学史料編纂所編纂、前掲註〔2〕
〔22〕吉田兼見著、斎木一馬・染谷光広校訂『兼見卿記』（続群書類従完成会、一九七六年）
吉田兼見著、斎木一馬・染谷光広校訂『兼見卿記（別本）』（続群書類従完成会、一九七六年）
〔23〕東京大学史料編纂所編纂 前掲註〔2〕
〔24〕吉田兼見著、斎木一馬・染谷光広校訂『兼見卿記』（続群書類従完成会、一九七六年）
〔25〕吉田兼見著、斎木一馬・染谷光広校訂、前掲註〔22〕
〔26〕同右

〔27〕吉田兼見著、斎木一馬・染谷光広校訂、前掲註〔24〕
〔28〕同右
〔29〕森田恭二『戦国期歴代細川氏の研究』（和泉書院、一九九四年）
〔30〕東京大学史料編纂所編纂、前掲註〔2〕
〔31〕吉田兼見著、斎木一馬・染谷光広校訂、前掲註〔24〕
〔32〕同右
〔33〕同右
〔34〕同右
〔35〕同右
〔36〕同右
〔37〕東京大学史料編纂所編纂 前掲註〔2〕
〔38〕同右

第四節 ◆ 終焉

◈『兼見卿記』と『兼見卿記(別本)』の違いからわかること

後世に残される史料について、次のようなことが指摘されている。

- ●文書はかなり意識的に選択されて残っている〔1〕。
- ●偶然的に残ったものはほとんどないといってよく、極めて意識的に残されたと考える必要がある〔2〕。
- ●後世に残す記録であるだけに、都合のよいことは書き、都合の悪いことは書くまいとするものである〔3〕。

さて、吉田兼見が、情勢に応じて自身の日記に手を加えていたことは明らかである。

しかしながら、注目すべきは原本の方も残しているということだ。

これは吉田兼見という人物の誠意を示すと共に、この時代の公証に大いに貢献する行為といえるだろう。なぜなら、このことによって兼見の記録に作為があるということが示されるだけでなく、どのような作為を施す必要があったのかまで知ることができたからだ。

それでは、今まで随所に述べてきた『兼見卿記』と『兼見卿記（別本）』。二冊の違いからわかることをまとめたい。

二冊の記述は「光秀を称賛する文章の削除」「信長との関わりを軽減化」「近衛前久に関する文章の追加」という点で相違している。

そうすると、「光秀を称賛する文章の削除」はいかにもわかりやすい。次期権力者が光秀を敵とした以上、光秀と親しいことはデメリットにしかならない。

反対に、「近衛前久に関する文章の追加」は、前久と近しいと都合が良いというわけである。前久という人物のメリットを考えるに、前久はその後権力者となった羽柴秀吉を猶子とし、秀吉の後ろ盾となった人物であることに思い当たる。そうすると、兼見が『兼見卿記』を編纂したのは、秀吉が権力者となった天正十三年以降であった可能性が高くなる。なぜなら、信長、光秀が亡くなった直後の前久の立場はとても危うく、前久と親しいことがメリットにならなかったからだ。

近衛前久は信長に所領等で優遇を受けていたことから、信長という後ろ盾が亡くなると前久の地位を落とす動きが活発になり、ついには京都を離れる必要に迫られた。天正十一年二月二十日付の前久の書状には「私が信長と親しく付き合っていたために妬まれ、悪いようにいわれている」とあり［4］、まさに、前久の立場を危うくしていた理由が「信長と親しかった」という点にあったことがわかる。

吉田兼見の日記もそうだ。「信長との関わりを軽減化」している。本能寺の変は信長に反感を持った光秀が起こしたことになっていて、その光秀を討つことで信長の政権を取り戻したかのように宣伝された。しかし本能寺の変が噂通りのものであるなら、人々はただ、「光秀と親しかったこと」だけをなかったことにすればよい。にもかかわらず、被害者であるはずの「信長と親しかったこと」をも都合の悪いこととしなければならなかったのは、とどのつまり、兼見が日記を書き直した時に政権を握っていた者が、信長の政治に否定的だったからに他ならない。

すなわち、羽柴秀吉は、信長の政治に否定的だったのである。

◆羽柴秀吉の政治

一般に、羽柴秀吉は信長の遺志を引き継いだ人物であるかのように認知されているが、実際は信長の政治と断絶している。

天正十三年閏八月、羽柴秀吉は全大名規模で国替えを行った。信長は、在地したままの国衆に対し在地性を失った家臣をあてがう方法で人々を掌握しようとしていたが、秀吉はこのやり方を踏襲《とうしゅう》しなかった。家臣、国衆共に在地性をなくし、自らの支配権を絶対的なものとしたのである［5］。

同じように、公家や寺社の所領である都市などにおいても、従来の権益を容認していた信長に対し、羽柴秀吉は自治を一切認めなかった［6］。

信長が安堵を行っていた座に対しても、旧来の特権を容認していた信長に対し、羽柴秀吉は座を解体して旧来の特権を有した者から権利を奪い、新しい担い手に受け継がせたり、信長によって保障されていた権利を否定し、新しい組織を作ったりしている［7］。

天正十三年三月、羽柴秀吉は根来寺の焼討ちを行った。この時秀吉が攻め滅ぼした根来寺は、今まで信長の勢力として、信長に従ってきた者たちであった。寺社勢力は通常、ある特定の勢力に全面的に協力し従うことはないとされているのだが、根来寺は信長の馬揃えにまで参加しており、明らかに信長に与していた。

同年、羽柴秀吉に官位が与えられた際には、右大臣は信長横死の凶例があるとして秀吉は左大臣を望んでいる［8］。

羽柴秀吉は、信長の政治を踏襲するというより、反面教師にしていたといってよい。

しかし、本能寺の変を企てたのが羽柴秀吉だとは思わない。秀吉が京都に到来するよりも先に、すでに光秀は摂津国や河内国と対峙しているからである。摂津国を預かっていたのは丹羽長秀、河内国を預かっていたのは、おそらく蜂屋頼隆だ。

おそらく、とするのは、一般に河内国の支配権が誰に委ねられていたかはっきりしておらず、三好康長と、若江三人衆と呼ばれている多羅尾光俊《みつとし》、池田教正、野間長前《ながさき》の三人による勢力が二分して支配していたのではないかと推察されているからである［9］。そのため、少々話は脱線するが、この時河内国を預かっているのが蜂屋頼隆だと思われる根拠を示したい。

まず若江三人衆についてだが、池田教正と野間長前が元々佐久間信盛の与力として率いられているのに対し、多羅尾光俊は信長側近という立場を維持している。一つの勢力として存在しているわけではない三者を、三人衆とひとくくりにして認識するのは無理があるように思われるので、我々はこの呼び方を推奨しない。

天正九年の馬揃えにおいても、これを欠席したのは多羅尾光俊のみで、池田教正と野間長前は参加している。そして参加した教正と長前を含めた河内国の軍を率いて行進しているのが、蜂屋頼隆であった［10］。信長直属の者達は別として、頼隆が河内国の支配に関わっていることは確かなのである。

また、河内国の一端を支配していたらしい三好康長は、天正九年一月の頃から既に四国へ遣わされ、四国攻略を進めている最中であった。康長に所属する河内国の勢力は四国へ動員されているはずであり、実際に河内国を統治している状態ではなかったと思われる。

これらの状況から、少なくとも本能寺の変が起こった現段階においては、蜂屋頼隆が河内国を預かっていると判断することができる。

光秀は、信孝率いる丹羽長秀と先に記した蜂屋頼隆ら四国平定のための軍と対峙せざるを得なくなっていた。そこへ羽柴秀吉ら中国攻略のための軍も加わり、ついには討たれた。これがそのまま、本能寺の変の答えなのだと思われる。光秀を包囲した者たち皆が協力し合い、信長、信忠を殺害すると、さらに信澄や光秀に罪を着せてこれを討ち、信孝を中心とする新しい織田政権を築こうとしたのだ。

信長の殺害を実行したのが誰かまではわからないが、蜂屋頼隆の居所がはっきりしないということだけ、指摘しておきたい。

蜂屋頼隆は天正九年より織田信張（信長の義理の従兄弟）と共に和泉国を任され、岸和田城に入っていた。本能寺の変が起こった時も岸和田城におり、徳川家康に朝食をふるまっていたと、本願寺顕如の右筆が書いた日記『宇野主水日記』にはある。しかし『信長公記』では、家康は堺で本能寺の変を知ったと記されていて、同行していたのは穴山信君と長谷川秀一のみのようである。

五日、信澄殺害の際も、これに関わっていたと『多聞院日記』にはあるが、『兼見卿記』には参加していないとある。十日、光秀は蜂屋頼隆が率いていたとみられる河内国へ向けて軍事行動を起こしているが［11］、ごまかしの日記『兼見卿記（別本）』では摂津国へ向かったことにされており、河内国へ向かっていたことがなかったことにされている。信孝についている主要人物のなかで、どこで何をしていたのかがここまでうやむやな人物は頼隆のみであり、その動向に最も歪《ゆが》みがあるとして、我々は、頼隆の率いる軍勢が信長らの殺害を実行したのではないかと疑っている。

次に、信孝周辺の繋がりをみていきたい。

本願寺顕如に仕え、本願寺勢力の指揮を行っていた下間頼廉《しもつまらいれん》から、蒲生父子に宛てた六月十八日付の書状がある。これによると、信孝が、松井友閑と丹羽長秀を本願寺に遣わして好を通じたことが報じられている［12］。

本願寺は、天正五年に松永久秀、久通父子が謀叛を起こした時も、天正六年に荒木村重、村次父子が謀叛を起こした時も、彼らに協力している。

また、元亀四年に信長によって追放された将軍足利義昭は、毛利氏の所領で幕府を開きつつ、常に本願寺と連携している。荒木村重が謀叛の際に本願寺と結んだ誓約書には「信長が死に、情勢が変化した後も村重親子を見放さない。村重の統治する地域に対して介入はしないが、摂津国以外の国を統治したい場合は、義昭や毛利に斡旋してもらうように」とある。一方、信長が本願寺との和睦を望んだ際には、毛利氏とも和睦しなければ本願寺は和睦に応じないとしており、義昭と毛利氏、そして本願寺の連携を確認することができる［13］。ゆえに、天正四年に丹波国で荻野直正が謀叛を起こした時も、天正六年に別所長治が謀叛を起こした時も、毛利氏によしみを通じていた彼らは、同時に本願寺とも通じていると見る必要があるだろう。

つまり本願寺と毛利氏は、足利義昭追放以降に起こった信長に対する謀叛の、全てに関与しているのである。

滋賀県立安土城考古博物館の発行した『蒲生氏郷』には、「近年の研究では、本能寺の変の黒幕勢力の一つとして本願寺もあげられているが、蒲生氏や信孝等がいち早く本願寺と手を結ぼうとし、本書状を見る限りは本願寺もそれに賛同している」との考察がある。「黒幕」などという概念に気を取られてしまい論点がずれてしまっているが、要するにこれは、信孝が反信長である本願寺と手を組んでいて、本願寺を通じて蒲生氏を動かしていたということである。それは同時に、足利義昭や毛利氏と手を組んでいるということにもなるのだろう。

そしてもう一つ、六月十八日の書状によって、信孝が丹羽長秀と共に松井友閑を派遣していることが明らかになっている。友閑は堺の政所で、親戚に松井康之という人物がいる。この人物は細川藤孝の親戚でもあり、本能寺の変後すぐ、羽柴秀吉に協力するため、藤孝の使者として秀吉のもとに派遣されている。

松井友閑が政所を務めた堺という地は、摂津国、河内国、そして和泉国の境にあり、元亀四年に足利義昭が信長によって追放された際、羽柴秀吉との交渉の場を斡旋した毛利氏が和泉堺をその地としている。本能寺の変時点では、摂津国を丹羽長秀が、和泉国と河内国を蜂屋頼隆が預かっており、光秀はまず、摂津国や河内国と対峙していた。

以上のことを総括すると、足利義昭を擁する毛利氏と本願寺、本願寺と蒲生氏、堺に関わる者たちと細川氏、羽柴秀吉らが、今回の政変における主要人物「信孝」を中心として繋がりを持っていたことがわかるのである。

◆織田政権の最期

天正十年六月二十七日。「本能寺の変」そして「山崎の戦い」が収束した後のことである。尾張国清洲に羽柴秀吉・柴田勝家・丹羽長秀・池田恒興・堀秀政が集合し、領地の再配分と織田家の跡継ぎを誰にするかを話し合う会議が開かれた[14]。

ここで注目されるのは、跡継ぎ候補として有力とみられていた信孝と信雄、二人ともが跡継ぎになれず、信忠の息子である三法師（この時二歳、元服して秀信と名乗る）が跡継ぎとなったことだ。そして、守り役となった堀秀政を含め、織田家臣である五名が対等な立場で三法師を盛り立てていくことが決まったのである[15]。

『川角太閤記』などの信憑性の低い史料では、羽柴秀吉が丹羽長秀や池田恒興に根回しをして信孝を推薦した柴田勝家を出し抜き、三法師が跡継ぎになれるよう話を進めたとしているが、実際は、むしろ勝家こそが三法師を跡継ぎとすることを推奨したように思う。

理由は、信孝を跡継ぎとすると、これまで上位の立場だった信雄が不満を抱き、内乱を起こすことが必須であったからだ。また、すでに信孝と手を組んで事を進めてきた丹羽長秀らが、今まで蚊帳の外だった柴田勝家以上の権力を持つことも目に見えていた。勝家は、信孝が跡継ぎとなることは勿論、織田家中でさらなる争い事が起こることを最も危惧したはずだろう。

ところがこの時、柴田勝家の危惧に同意するかたちで、残った織田家臣たちは信孝でも信雄でもなく、三法師を盛り立てていく方針に同意した。

当然のことながら、本能寺の変の求心力となり、その後の内乱の際も自身を引き立ててくれると予測していた信孝にとって、この展開は大変な誤算だったに違いない。

しかしそれでも、家中での内乱を防ぐことはできなかった。

十月六日付けで、柴田勝家が堀秀政に宛てて次のような書状を出している。

清洲で誓った内容を、羽柴秀吉が守っていないのは問題である。曖昧な状態で済ますべきではないから即刻話し合う必要がある。

若子様（三法師）を安土城に戻すことについては勝家も同意するので、信孝、丹羽長秀には勝家からも連絡しておく。

上様（信長）が倒れたことによる混乱がまだ続いており、四方には敵が健在であるのに、内輪もめを起こすのは周囲の敵を喜ばせるだけである。現在不穏な動きを見せている北条氏に対して徳川家康と共に攻め込むことを優先するべきなのに、羽柴秀吉は山城国に新たな城を築こうとしている。

これは一体誰を敵としての行動なのか。これまで上様（信長）が苦労して治めてきた土地を取り合うことは共食いに等しい行為であり、そのようなことになるのは無念でたまらない[16]。

加えて、八月十一日付の羽柴秀吉が丹羽長秀に宛てた書状では、秀吉が長秀に安土城の再建を急ぐよう指示していたり[17]、十月に池田恒興が摂津国に禁制を出した際、これと同じ場所に秀吉も禁制を出していることから、この頃秀吉が長秀や恒興に実質上命令する立場になっていることが確認できる。

これに反発した信孝は、三法師を岐阜城に抱え込み、羽柴秀吉に対抗する姿勢を示したが、十二月に挙兵した秀吉に降伏[18]。その際信孝に協力した柴田勝家は、十二月十一日に徳川家康に、翌年二月十三日には毛利氏に助力を頼んでいるが実現しないまま、再び挙兵した信孝と共に賤ヶ岳合戦にて秀吉に敗北し、信孝と勝家は自害することになった[19]。

一方信雄も、羽柴秀吉に対する不満から徳川家康と共に天正十二年三月に挙兵するが、結局は秀吉と和睦する運びとなる。そのため所領は没収、追放されたが、後に秀吉に召し抱えられ「御咄《おとぎ》の衆（話し相手）」として秀吉に仕えることになった[20]。

天下を掌握するには、権力者として公に認められなければならないことはすでに述べた通りだ。羽柴秀吉は、賤ヶ岳合戦後に信孝を自害させ、信雄を小牧長久手合戦で屈服させるという段階を踏むことで、織田家という制約の中から抜け出すことに成功し[21]、公権を掌握したのである。

以上のことから、本能寺の変を起こすにあたって信孝が掲げたであろう織田政権の刷新は、結果的には蔑ろにされたあげく、羽柴秀吉によって打ち砕かれることとなる。皮肉なことに、本能寺の変を皮切りに、地盤が軟弱で家の結束が希薄だった織田家は（織田信長章五節、七節）、刷新どころかすっかり立ち行かなくなってしまったのだ。

◈原因

では、そもそも「本能寺の変」を引き起こし、織田政権の刷新を図ろうとした、その要因は何だったのだろうか。

ルイス・フロイスの『日本史』に、光秀は「余所者であり、外来の身であったので、ほとんどすべての者から快く思われていなかった」とある。言い換えると、織田家中のほとんどすべての家臣たちが、新参の外様であった光秀を重用する信長を支持していなかったのだということはすでに述べた（織田信長章七節）。

新参の外様というのは本来肩身が狭い。毛利氏との和睦交渉の際犠牲になった清水宗治という人物は、地元に基盤のない、まさに外様であった[22]。何かあって切り捨てられるのが外様なのだ。にもかかわらず、光秀は「最も政権に近い位置」にいた[23]。

通常、外様に参政権が与えられることはない。政務はすべて譜代がとるという差別化によって、政情の安定が図られていたからだ［24］。譜代世襲化に反する行為は、不当な行為、狼藉とすら考えられていたようだ［25］。

永禄六年、近江国。六角義賢（承禎）の子である義弼《よしすけ》に後藤賢豊という人物が殺され、その影響で家臣が分裂する「観音寺騒動」という内乱が起こっている。殺された賢豊は、外様であったが戦功を挙げて出世し重用されるようになったのだが、義賢は次第に、賢豊の意見のみに耳を貸すようになったらしい。若い当主であった義弼は、賢豊が強大な権力を持つことを恐れ、彼を討ったという［26］。

本能寺の変も、この類の騒動なのだろう。

つまるところ信長は、光秀に権限を与え過ぎたのだ。そして多くの家臣の支持を失ったのである。

◆光秀の最期

長らく、光秀は謀叛人だと信じられていた。

例えば、討ち取られた信長の首が晒されなかったのは、信長の遺体が見つからなかったからだ、など、光秀が謀叛人であり続けるために、様々な後付けの仮説が立てられてきた。しかし、光秀は謀叛を起こしていないので、信長の首を晒すなど以ての外だったのである。

光秀は、阿弥陀寺に信長父子及び戦死者の墓所を置いている［27］。信長父子のために砂金二袋を、本能寺の変によって戦死した者たちのために黄金を寄進し、犠牲者を供養していた［28］。この寺は、信長が帰依した清玉上人が開山した寺院で、京都における織田家の菩提寺であったという。

信長の墓所として知られている場所は他にもいくつかあるが、例えば信長の側室である鍋の方が丹羽長秀に宛てた書状によると、美濃国の崇福寺において信長、信忠の位牌を六月六日に納めたと報告している［29］。崇福寺は信長が岐阜城を拠点としていた時に菩提寺とした場所で、信長の死後すぐに供養を行ったのは、光秀以外ではこの一件のみだ。

光秀亡き後、阿弥陀寺に置かれていた信長の墓所は無視され続け、七月三日に本能寺を墓所とするよう信孝からの指示が下される［30］。これに対し、秀吉は信孝の意向を無視して京都の大徳寺で葬儀を行う準備を進めた。そして十月十五日に織田秀勝（信長四男、秀吉が養子としていた）を喪主として、強引に葬儀を行ったのである［31］。

ところで、安土に入った光秀は、そこにある資財をあちこちに配ったようだ。人気取りをしていたのだろう、などといわれているが、贈与先を見ると、もうすでに光秀に理解を示している吉田兼見や、京都の治安維持を頼んでいる朝廷。光秀のために何かをしてくれるとも思えない京都五山の寺や大徳寺である［32］。人心を掌握するために財産を配っているのなら、身の振り方を迷いに迷っていた筒井順慶に配ってはいかがかと思うのだが、順慶には財産が渡っていない。光秀の財産配りは、人を懐柔させるための行為だったとは思えないのである。

六月十四日、光秀が敗軍した時、吉田兼見の所に信孝使者と称する津田越前入道なる者が現れ、光秀が配った財産の返却を要請している。兼見が返却を拒否すると、越前入道はしぶしぶ帰って行ったという[33]。禁裏や京都の有力な寺社が、光秀から渡された財産を返却したという記録もない。つまり、光秀が配った信長の財産が、信孝らに渡ることはなかった、ということである。

蒲生氏は、安土から織田家の親族達を連れて引き揚げる際、信長の資財を持って出なかった。このことについて『信長公記』は次のように記している。「蒲生賢秀は無欲な人物であり、信長が心血を注いで作り上げた、天下に二つとないこの城を焼き払うことなどできない。その上財宝を持ち出すようなことをしてしまうと、民衆からの嘲笑は避けられないと言って、裸足で逃げ出した」。資財を持ち出さなかった理由をわざわざ記していることから察するに、光秀が、安土に遺された信長の財産をすっかり処分してしまうという事態を、蒲生氏は露ほども想定していなかったのだろう。「蒲生賢秀は無欲な人物で」などとその人柄を説明しているが、安土の資財を守れなかったことと、賢秀の人柄とは、その実なんら関係がない。要するに蒲生氏は、自身の不行き届きを綺麗事を用いてごまかしているのだ。

光秀による信長の財産処分は、信長を否定した次期政権の運用に、信長の資財を使わせないという、光秀なりの報復だったように思えてならない。

そして、光秀の敗軍と共に、安土城が燃えている。

この火災の原因も未だ解明されておらず、『秀吉事記』『太閤記』『細川両家記』はじめ後世の軍記物は、光秀の娘婿明智秀満（三宅弥平次）が焼いたとの説をこぞって流布しているが、『イエズス会日本年報』『日本西教史』では信雄が焼いたと説いている。『兼見卿記』に聞いた話として記されているのは

「安土城下の火災が類焼した」という、飛び火説である。

様々な憶測はあれど、我々は光秀が焼いたのではないかと思っている。

まず、後世の軍記物から指摘するなら、明智秀満は十四日時点で坂本城に入ったようで〔34〕、安土城が燃えた日に安土にいない。信雄が焼いた説についても、この時信雄が安土までたどり着いていないので、やはり燃やしようがない。飛び火説については、あくまで伝聞として記していることに加え〔35〕、火災を確認できるのが天主台と黒金門付近のみであることから〔36〕、飛び火は成り立ちにくい。どの説も、何か不自然なのである。

光秀がどこでどのように最期を遂げたのかは不明のままで、勝龍寺城を退散した後行方がわからなくなっているが、少なくとも死亡は確認されていなかった。この段階で、明智秀満は守備していた安土城を何の抵抗もなく放棄している。このことについて、光秀自ら安土に入ったと想定すれば秀満の退城についいて説明がつき、なおかつ光秀が安土城を焼いたとすれば、安土の火災と光秀の最期、両方の「不明」が繋がる。

蒲生氏の不行き届きをごまかした『信長公記』の記述には、「財宝を持ち出すようなことはできない」という内容の記述と共に「この城を焼き払うことなどできない」という記述もある。光秀は織田政権の築き上げた資財を処分しているのだから、信長の権威の象徴であったこの城を、そのままにして明け渡すとは思えない。信長の財産同様、安土城という信長の威光を、光秀に罪を着せて信長を討った者たちに使わせないという光秀なりの抵抗というか、意地を見せてもおかしくはないだろう。

八月十一日付丹羽長秀宛羽柴秀吉書状に、三法師を迎えるにあたって安土城の普請を急がせることが記してある〔37〕。光秀の想定通り、本能寺の変の後、信長を討った次期権力者は信長の居城である安土城へ入り、その意義を引き継ごうとしていた。光秀はそこに、多少なりとも楔《くさび》を打ち込んだのだ。

六月十五日、光秀の坂本城が燃える。明智秀満が自害の際、燃やしたのである。時を同じくして、安土城も燃えた〔38〕。信長と光秀の城は、共に燃えたのだ。

この日、連日降り続いていた雨が、雷鳴とともに止んだという〔39〕。

最期を迎えた光秀は、十五夜の月を見ただろうか。

◆注

〔1〕網野善彦「東寺百合文書と中世研究」（京都府立総合資料館編『東寺百合文書にみる日本の中世』、京都新聞社、一九九八年）

〔2〕湯山賢一「文化財としての東寺百合文書」（京都府立総合資料館編『東寺百合文書にみる日本の中世』、京都新聞社、一九九八年）

〔3〕藤本正行・鈴木眞哉『偽書『武功夜話』の研究』（洋泉社、二〇一四年）

〔4〕浅利尚民、内池英樹編『石谷家文書　将軍側近のみた戦国乱世』（吉川弘文館、二〇一五年）

〔5〕藤田達生「渡り歩く武士—和泉真鍋氏の場合—」（泉佐野市史編さん委員会『泉佐野市史研究6』、二〇

〇〇年）
［6］脇田修「織豊政権の商業・都市政策」（藤木久志編『戦国大名論集17 織田政権の研究』、一九八五年）
［7］松下浩「琵琶湖・河川支配と城郭―織豊期城郭の木材調達を中心に―」（「琵琶湖がつくる近江の歴史」研究会編『城と湖と近江』、サンライズ出版、二〇〇二年）
［8］橋本政宣「織田信長と朝廷」（橋本政宣『近世公家社会の研究』、吉川弘文館、二〇〇二年）
［9］谷口克広著、高木昭作監修『織田信長家臣人名辞典』（吉川弘文館、一九九五年）
［10］同右
［11］吉田兼見著、斎木一馬・染谷光広校訂『兼見卿記』（続群書類従完成会、一九七六年）
［12］滋賀県立安土城考古博物館『蒲生氏郷』（滋賀県立安土城考古博物館、二〇一一年）
［13］武田鏡村『織田信長石山本願寺合戦全史』（ＫＫベストセラーズ、二〇〇三年）
［14］多聞院英俊著、辻善之助編『多聞院日記』（角川書店、一九六七年）
［15］同右
［16］東京大学史料編纂所編纂『大日本史料11』（東京大学出版会、一九六八年）
［17］同右
［18］谷口克広著、高木昭作監修、前掲註［9］
［19］同右
［20］同右
［21］松下浩、前掲註［7］
［22］藤田達生『謎とき本能寺の変』（講談社、二〇〇四年）

[23] 西ヶ谷恭弘『考証織田信長辞典』(東京堂出版、二〇〇〇年)
[24] 平野隆影『穴太の石積』(かんぽう、二〇〇七年)
[25] 熊倉功夫ほか『史料による茶の湯の歴史』(主婦の友社、一九九四年)
[26] 『新修　大津市史』(大津市役所、一九八五年)
[27] 山科言経著、東京大学史料編纂所編纂『言経卿記』(岩波書店、一九五九年)
[28] 桃井観城『本能寺』(大本山本能寺、一九九二年)
[29] 東京大学史料編纂所編纂、前掲註[16]
[30] 同右
[31] 山科言継著、国書刊行会編纂『言継卿記』(続群書類従完成会、一九九八年)
[32] 吉田兼見著、斎木一馬・染谷光広校訂『兼見卿記』(続群書類従完成会、一九七六年)
[33] 同右
[34] 内藤昌『復元安土城』(講談社選書メチエ、一九九四年)
[35] 「琵琶湖がつくる近江の歴史」研究会編『城と湖と近江』(サンライズ出版、二〇〇二年)
[36] 内藤昌、前掲註[34]
[37] 松下浩、前掲註[7]
[38] 吉田兼見著、斎木一馬・染谷光広校訂、前掲註[32]
[39] 多聞院英俊著、辻善之助編、前掲註[14]

後書

歴史上最も有名な事件とされている「本能寺の変」に、我々のようなわけのわからない素人の姉弟が意見してよいものか大変悩みました。お叱りを受けるかもしれません。ですが、歴史を愛する者の一員として、その方面の方々になにか貢献できることがあれば、意義のあることではないかと思い、一つのものの見方をここに提案させていただいた次第です。

寛大な心で読んでいただければ、私たちにとって至上の喜びでございます。

二〇二一年六月

三寺絵梨子
池田修平

◆**著者プロフィール**

三寺《みてら》絵梨子

本能寺の変から四〇〇年後の一九八二年生まれ。神戸女学院大学卒。

占い師じぇふとして活動。絵と占いの店「絵占《かいせん》」主催。

独学で占いを研究。「占う力が常軌を逸している」との評判で、経営者層を中心に絶大な支持を得る。

著書に『27星座　宿曜占星術』（魔女の家ＢＯＯＫＳ）『もしも彼女がシャム女なら』（ペンコム）。占いコンテンツ【透視画巫女じぇふ】などがある。現在、読売新聞【週間運勢】を執筆。

講師、イラストレーターとしても活動している。

占いと歴史の共通点は、タロットカードや星の配置、古文書など、目の前の事象から真意を追究すること。

●絵占《かいせん》サイト　https://oshineko12.wixsite.com/kaisen

池田修平

一九八五年生まれ。神戸大学大学院卒。機械メーカー勤務。技術者。

姉の思い付きに振り回されながら育つ。

趣味は読書と歴史探索。好きな本は『信長公記』。

●本能寺兄弟Ｔｗｉｔｔｅｒ　honnojibrothers

●大切り本能寺の変サイト

http://honnojibrothers.wixsite.com.daigiri

大切《だいぎ》り本能寺《ほんのうじ》の変《へん》

2021年6月2日　第1刷発行

著　者　三寺絵梨子《みてらえりこ》、池田修平《いけだしゅうへい》

発行者　太田宏司郎
発行所　株式会社パレード
　　大阪本社　〒530-0043　大阪府大阪市北区天満2-7-12
　　　　　　　TEL 06-6351-0740　FAX 06-6356-8129
　　東京支社　〒151-0051　東京都渋谷区千駄ヶ谷2-10-7
　　　　　　　TEL 03-5413-3285　FAX 03-5413-3286
　　https://books.parade.co.jp
発売元　株式会社星雲社（共同出版社・流通責任出版社）
　　　　　　　〒112-0005　東京都文京区水道1-3-30
　　　　　　　TEL 03-3868-3275　FAX 03-3868-6588
装　画　三寺絵梨子
装　幀　藤山めぐみ（PARADE Inc.）
印刷所　中央精版印刷株式会社

ISBN 978-4-434-28950-7　C0021